이미애

무당 연화는 애동제자 만신되기 카페 부운영자, 국제 마인드풀니스 지도자, 힐링 명상 지도자, 하와이 힐링 호오포노포노 트레이너, 하와이 샤먼 카후나, 엔젤 테라피스트, 미디엄(영매), 레이키 마스터, 작가, 사회 복지사(2급), 파티 플래너, 이벤트 기획자이다.

저서로는 기공과 에너지힐링(공저), 공주님의 우아한 기 살리기, 그림으로 배우는 호오포노포노, 그림으로 배우는 하와이 마나 힐링이 있다.

카페명 : 애동제자 만신되기
(https://cafe.naver.com/kotest)
블로그명 : 매직 릴리스트
(http://blog.naver.com/ami202)
모두 : @ 엔젤테라피
인스타그램 : healer_rumie

날라리 무당 연화의 좌충우돌
애동 가이드

날라리 무당 연화의 좌충우돌 애동 가이드

펴낸날 | 초판1쇄 2018년 7월 17일
지은이 | 이미애
기획 | 박한진
편집·디자인 | 박기주
펴낸이 | 박기주
펴낸곳 | 다크아트
주소 | 인천 중구 하늘별빛로 86
Tel | 010-4178-9007
Fax | 0303-3446-9075
Homepage | http://www.darkart.co.kr
Email | darkartpublication@gmail.com

이 책은 저작권법에 따라 보호받는 독창적인 저작물이므로 무단전재와 무단복제를 일체 금하며, 이 책의 내용 전부 또는 일부를 이용하려면 반드시 저작권자와 다크아트의 서면 동의를 받아야 합니다.

● 잘못 만들어진 책은 서점에서 교환해 드립니다.
ISBN 979-11-88308-15-6 (13200)
값 28,000원

이 도서의 국립중앙도서관 출판예정도서목록(CIP)은 서지정보유통지원시스템 홈페이지(http://seoji.nl.go.kr)와 국가자료공동목록시스템(http://www.nl.go.kr/kolisnet)에서 이용하실 수 있습니다. (CIP제어번호 : CIP2018021364)

날라리 무당 연화의

최중우 뎁

애동 가이드

목 차

서문 5

애동 제자 시작하기 17
애동 제자 공부하기 106
애동 제자 나아가기 191

결어 263

 서문

· ·

어느 시골 마을에 정말로 유명하신 선생님이 오셨습니다. 사람들은 그 선생님의 강연을 듣고 싶어서 무척 기대를 했고 그날 저녁 그들의 소원이 이루어졌습니다. 강의장에는 그 마을 사람들의 대부분이 들어와서 가득 찼지만 모두 조용히 그 선생님의 강의를 듣고 있었습니다. 그런데 강의 도중에 그 강의장을 빌려준 집에서 키우는 고양이가 사람들이 많으니 이리 뛰고 저리 뛰고 정신이 없게 했습니다. 그러자 그 선생님은 강의 중에는 고양이를 묶어두라고 했습니다.

강의를 마치고 선생님은 마을을 떠났습니다. 그날 이후로 그 마을에서는 강의가 있으면 그 고양이를 묶어 두었습니다.

그리고 세월이 흘러서 그 고양이가 늙어 죽었습니다. 그러자 그 마을 사람들은 강의가 있는 날에는 다른 집고양이를 데리고 와서 묶어 두었습니다.

세월이 더 흘렀습니다. 이제 그 마을은 발달해서 도시가 되었고 그때 그 선생님의 강의를 기리기 위한 동상도 세워졌습니다. 그리고 그 고귀한 뜻을 기리고자 모든 강의실에는 고양이를 묶어 두었습니다. 대학에서는 '강의 때 고양이를 묶어두는 인문학적인 의미의 고찰'이라는 논문이 발표가 되었습니다.

현재 전해오는 무당내력과 문서들 중에도 이런 것들이 많지 않을까요? 실재로도 옛 만신들은 전안상조차 없이 한지에 한글로 신령님 명호만 적고 그 종이를 벽에 붙여 놓은 것만으로도 잘 불렸고, 본향본산 아예 안 가고 산천기도 안 떠나고 뒷산에서 비손 기도만으로도 받을 신 다 잘 받고 영검도 잘 풀어냈었습니다.

통하기 가르기 따르기
씻기기 입히기 먹이기
부르기 놀리기 보내기

무당이 하는 것은 위의 9가지가 전부라고 합니다. 영과 통하고 영을 구분하고 따를 신께 따르는 것이 첫 번째 과정이고, 전안을 깨끗하게 씻고 잘 장식하고 공양을 하는 것이 두 번째 과정이며, 마지막으로 신을 부르고 신과 함께 놀고 다시 되돌려 보내는 것이 마지막 과정이 됩니다.

이 책에서 제가 이야기하는 모든 것들도 정답이 아닐 수 있습니다. 무속에는 정답이 없다고 하니까요. 그러므로 각자에게 필요한 부분만 잘 받아 가시면 될 거라 여긴답니다.

날라리 무당 연화

🌿 무녀 연화의 하루

-무녀 연화의 하루 끝-

Ⅰ. 애동 제자 시작하기

1. 셀프 신명 테스트

많은 곳에서 무료 신명 테스트를 해준다고 합니다. 하지만 굳이 직접 방문하지 않고도 혼자서도 할 수 있는 것입니다. 대개 분위기에 휘둘려서 진짜 신가물이 아닌데도 신기가 있다는 이야기를 들을 수 있습니다. 그러니 신명 테스트는 집에서 혼자 하시기 바랍니다.

1단계

합장을 하고 머리 위 15cm 정도 위에 의식을 두고 '청정무위'를 외워 봅니다. 청정무위는 정명스님이 '무량청정주'라는 주문에서 일부를 따온 문구입니다. 스님께서 80년대에 옥추경 공부를 하는 주위 몇몇 분들에게 전해주어서 현재 옥추경 수행을 하는 곳에서 간혹 이것을 하는 경우가 있답니다. 하지만 옥추경과는 무관한 것으로 특정 신명에 휘둘리지 않으면서 몸과 마음과 영혼을 정화하는 주문이라고 합니다.

만일 청정무위를 외워서 몸이 떨리면 2단계로 넘어가고 몸이 떨리지 않으면 신기가 없으니 신내림을 받을 필요가 없습니다. 몸이 떨리는 것은 자율신경계의 기능실조일 수도 있고 기운이 막혀서 그럴 수도 있으니 꼭 신가물이라고만 볼 수 있는 것은 아닙니다.

2단계

이번에는 도구가 필요합니다. 죽비나 신장대처럼 앉아서 땅에 하단을 고정할 수 있는 것이면 어떤 것이나 상관이 없습니다. 어떤 것에는 꼭 무엇을 써야만 한다는 것은 어쩌면 처음에 이야기한 강의실에 고양이를 묶어두는 것과 같은 것일지도 모르니까요. 이것을 오른손잡이는 왼손에 왼손잡이면 오른손에 들도록 합니다. 만일 양손을 다 쓸 경우에는 왼손에 들도록 하세요.

이제 동일하게 '청정무위'를 외워 봅니다. 손이 떨리기 시작하면 그 손 쪽에 질문을 합니다. "누구세요?", "하시고 싶은 이야기가 있나요?" 이런 식으로 사람에게 말하듯이 자신의 손에다 말을 겁니다. 그런 후에 입을 살짝 벌리고 턱에 힘을 풀고서 내 목소리를 빌려준다고 상상해 보세요. 이렇게 했을 때 무언가 "으으으으으~"라든지 소리가 저절로 나오면 3단계로 갑니다. 소리가 나오는 것은 영이 들어와 있는 것입니다. 소리가 안 나면 앞서 말한 것처럼 신체적이거나 심리적인 증상일지 모르니 전문가와 상담을 해보는 것이 좋습니다.

3단계

소리가 나기 시작하면 계속해서 물어봅니다. 그래서 신음소리와 같은 것이 점차 사람의 말을 하기 시작하면 신가물이 맞습니다. 만일 계속 알아들을 수 없는 소리만 내고 있다면 빙의일 가능성이 높으니 퇴마나 축귀를 하는 분들께 상담을 받아 보는 것도 좋습니다. 다크아트 출판사의 【구마사제의 리얼 엑소시즘】이라는 서적에 이러한 증상에 대해서 자세한 설명이 있으니 참고하세요.

이렇게 해서 신가물이 맞다면 무당의 길을 가야 합니다. 어떤 만신도 이미 온 신을 거둘 수 없고 어떤 만신도 오지 않은 신을 내려줄 수 없습니다. 그렇기에 제자가 될 사람은 이미 정해져 있는 것이고 특별한 방법과 무관하게 결국 받을 신은 다 받게 되어 있습니다.

그리고 요즘은 드라마나 영화에서 점점 무당에 대해서 신비로운 쪽만 강조해서 그리고 있습니다. 그래서 제자만 되면 무슨 초능력자가 되는 것으로 여기는 분들이 있습니다. 신의 길을 가야만 하게끔 태어난 분들조차 이 길에 들어서면 정말로 힘이 드는 인생을 살게 됩니다. 물론 그 가운데에 신령님의 가르침도 받고 하면서 보람도 있고 의미도 있기는 합니다만 드라마나 영화에 나오는 것처럼 그런 것이 아닙니다.

영적인 부분은 자꾸 그쪽을 접하면 민감해집니다. 가장 좋지 않은 것이 어설프게 영에 민감한 사람들입니다. 그리고 영에 둔감해도 자꾸 제자들의 유튜브를 본다든지 제자들 블로그의 글을 접하고 하다 보면 영에 민감해집니다. 영에 민감해진다고 영험해진다는 것이 아니라 허주에 휘둘리고 허튼소리 하는 사람이 된다는 것입니다. 조금만 주변의 기운이 탁해도 금방 그것에 휘감겨서 며칠 또는 몇 달을 고생하기도 합니다.

그러므로 일반적인 분들이라면 상식으로 이해되지 않는 일이 일어나면 보살님이나 법사님이나 스님을 찾고, 그렇지 않으면 호기심은 덮어두고 일상을 사는 것이 안전합니다.

연화가 하는 방법

저는 날라리라서 저렇게 전통적인 방법으로 하지는 않습니다. 제게 오시는 분들의 경우 다음과 같은 방법으로 신명 테스트를 해드립니다.

내담자의 손이 위로 가게 잡는다

기운을 한쪽 방향으로 돌려본다

기운이 흘러도 반응이 없으면 빙의가 아니다

내담자의 몸이 앞뒤로/좌우로 흔들거리면 빙의이다

내담자의 몸이 빙빙 돌면 빙의이다

내담자의 몸이 움직이지 않더라도 어지럽다고 호소하면 빙의이다

　이렇게 손을 잡고서 기를 보내서 몸이 움직이지 않으면 아무런 영적인 현상이 없는 것입니다. 하지만 흔들린다면 마음으로 뒤로 물러서라고 이야기한 후에 누구냐고, 원하는 것이 뭐냐고 묻습니다. 만일 아무런 소리를 안 내고 흔들리고만 있으면 영적인 현상이 아니고 다만 기운의 조절이 필요한 분이라고 여깁니다. 하지만 만일 이상한 소리를 낸다면 영적인 현상으로 보고 계속 물어서 사람의 답을 해야만 신가물이라고 판단을 하고 있습니다.

2. 몸푸리

몸푸리 방법들 중 첫 번째는 기공 쪽에서는 자발공 또는 자발동공이라고 합니다. 이는 신을 받기 전에 몸을 정화하고 안 좋은 기운을 몰아내는 과정이라 꼭 해두는 것이 좋습니다. 물론 신명 테스트에서 3단계까지 클리어하신 분들의 경우에만 그렇습니다.

신체 모델

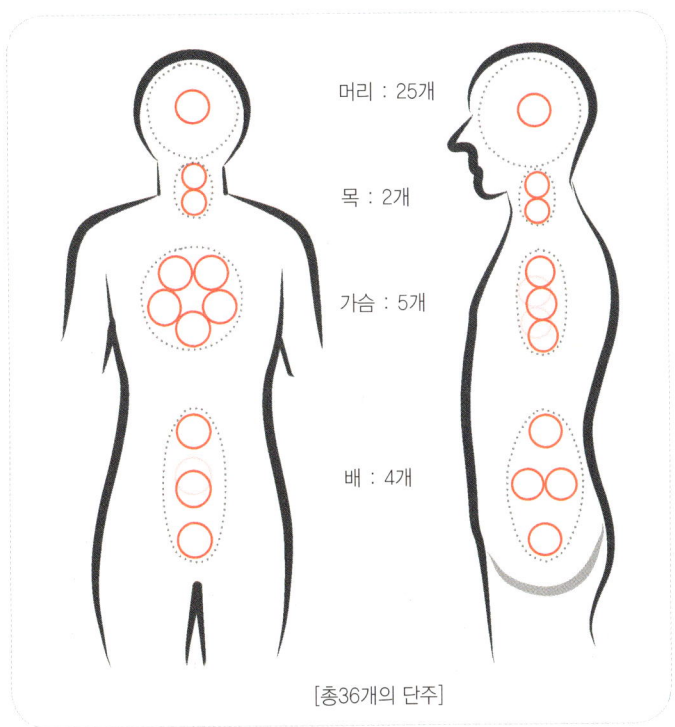

[총36개의 단주]

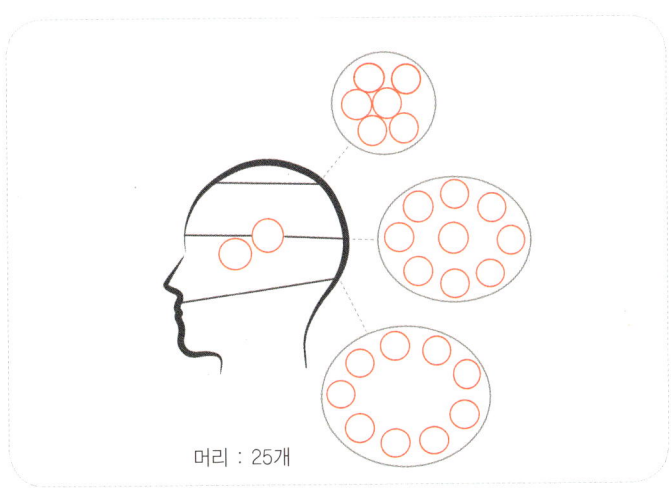

머리 : 25개

적용 기법

[남자:왼손]   [여자:오른손]

❶ 먼저 손을 편 채로 엄지를 접는다   ❷ 나머지 손가락을 접는다

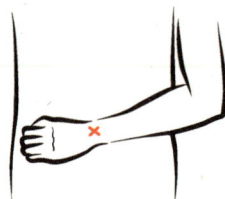 

[남자] 왼손 손목의 맥이 뛰는 위치를 배꼽에 갖다 댄 후
오른손으로 왼손의 손목을 감싼다

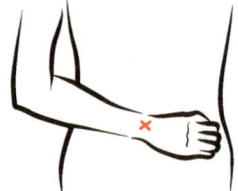 

[여자] 오른손 손목의 맥이 뛰는 위치를 배꼽에 갖다 댄 후
왼손으로 오른손의 손목을 감싼다

남자는 시계 방향으로 여자는 반시계 방향으로 원을 그리며 돌면서 다음의 구결을 외웁니다.

我心情舒暢 神態輕鬆
아심정서창 신태경송
我飄飄若仙 如在雲中
아표표약선 여재운중
我氣血運行 經絡暢通
아기혈운행 경락창통
我意守丹田 靜極生動
아의수단전 정극생동

이 구결은 기공사 양사풍 선생의 자발 오금희 동공의 구결입니다.

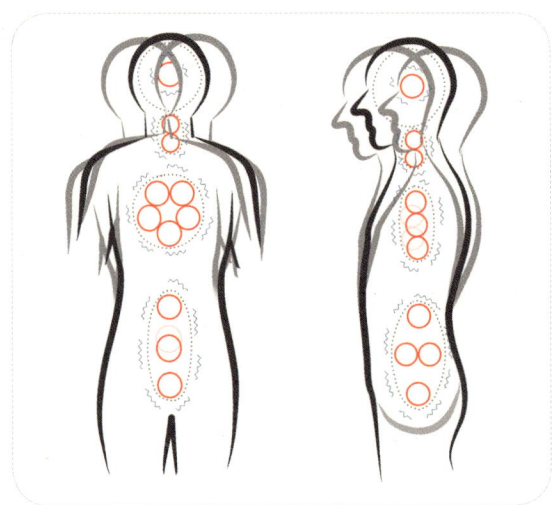

단주가 흔들리는 느낌이 들면 멈추어 섭니다.

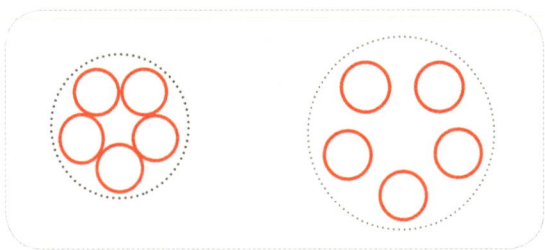

멈추어서 단주를 더욱 느슨하게 하며 단주의 흔들림에 몸을 맡기고 움직임이 멎을 때까지 행합니다.

몸이 움직일 때 주위에 부딪히면 위험할 수 있는 것들을 모두 치워두도록 합니다. 모두 마친 후에는 호흡을 가라앉히면서 잠시 명상을 합니다. 그리고 창문을 열어서 탁기를 환기시키도록 합니다.

다음으로 박타법을 하도록 합니다. 박타법은 몸속 깊이 들어가 있는 안 좋은 기운을 뽑아내는 것입니다. 꾸준히 하시면 나중에 허주를 벗길 때 덜 힘이 들 것이라 여깁니다.

① 머리를 박타

정수리 → 머리 양쪽

머리 뒤쪽 → 목덜미

❷ 양쪽 어깨를 박타

오른쪽과 왼쪽 어깨를 박타한다. 어깨의 앞쪽, 바깥쪽, 위쪽, 뒤쪽 부위를 모두 박타한다.

❸ 양쪽 겨드랑이와 옆구리 안쪽을 박타

겨드랑이를 따라 아랫부분, 옆구리 안쪽까지 차례로 박타한다. 오른쪽과 왼쪽 모두 박타한다.

❹ 양쪽 팔꿈치 안쪽을 박타

오른쪽과 왼쪽 팔꿈치 안쪽 주변을 모두 박타한다.

❺ 양쪽 무릎을 박타

양손으로 무릎 정면, 안쪽, 바깥쪽, 뒤쪽을 박타한다.

 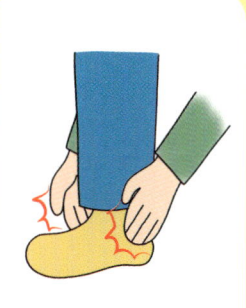

❻ 양쪽 발을 박타

양손으로 발바닥, 발등, 안쪽, 바깥쪽을 박타한다. 오른쪽과 왼쪽 모두 박타한다.

| 박타하면 안되는 경우 |

혈액 관련 질병, 심한 당뇨병, 임산부

종양 부위, 감염 부위, 골절 부위, 급성 외상 부위

의식불명 상태

연화가 하는 방법

저의 경우는 저러한 방법보다는 기공으로 하는 경우가 좀 더 많습니다. 다음과 같이 기운을 손바닥 사이에 모아서 가볍게 두드립니다.

그리고 앞서 신명 테스트를 했을 때 몸이 많이 흔들리는 분들은 다음과 같이 두드리고 안 좋은 기운을 털어 드립니다.

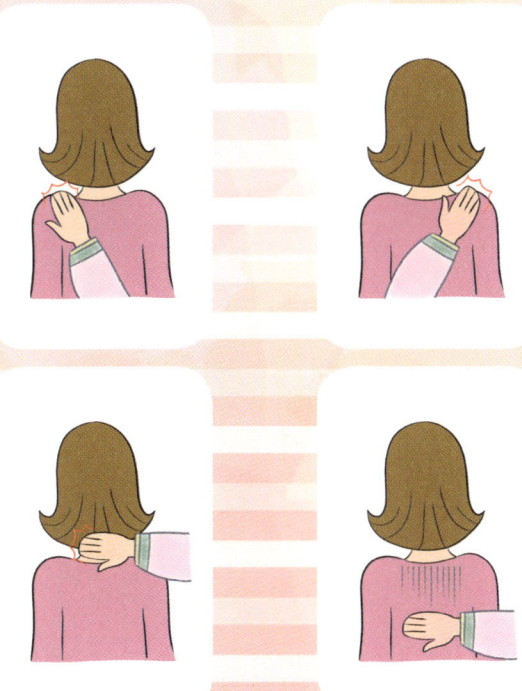

3. 사경하기와 일기쓰기

경문은 여러 가지가 있지만 무속경문집들 중에서 가장 대표적인 것으로는 【해동율경집】이 있습니다. 이제부터 매일 이 서적의 경문들을 베껴쓰도록 하세요. 타이핑을 하셔도 됩니다. 그리고 자주 소리 내어 읽어보는 것도 좋습니다. 무의식적으로 여러 신명들이 감응하게 된답니다.

다음으로는 매일 매일 일기를 쓰는데 가장 좋은 방법으로는 '세 줄 일기'가 있습니다. 일본의 의사인 고바야시 히로유키라는 분이 쓴 서적에 나오는 방법인데 간단하면서도 정말로 좋은 듯해서 소개합니다. 물론 꼭 이 방법으로만 써야 하는 것이 아닙니다.

우선 일기를 쓰는 날짜와 요일 등등을 적도록 합니다. 그런 후에 아래의 내용을 세 줄로 쓰도록 하세요. 중요한 것은 구체적인 것이 좋습니다. 그냥 기분이 안 좋았다라고 쓰지 말고 동생하고 말다툼을 해서 기분이 안 좋았다고 쓰는 것이랍니다.

① 하루에 '가장 힘들었던 일, 안 좋았던 일'을 간략하지만 구체적으로 한 줄로 적는다.
② 하루에 '가장 기뻤던 일, 즐거웠던 일'을 간략하지만 구체적으로 한 줄로 적는다.
③ 내일의 목표를 간략하지만 구체적으로 한 줄로 적는다.

이렇게 매일 매일 지내면서 몸푸리(자발공과 박타법)를 합니다.

연화가 하는 방법

저는 세 줄 일기를 다음과 같이 씁니다.

① 하루 중 있었던 일들 중에서 가장 기억에 남는 것을 한 줄로 쓴다.
② 여기서 사실과 사실 아님을 구분해서 다시 한 줄을 쓴다.
③ 사실 아님에 따뜻한 기를 보내서 정화를 하고 드는 생각을 한 줄로 쓴다.

사실과 사실 아님은 우리가 살면서 많이 혼동되게 생각하는 것입니다. 만일 누군가가 나에게 좋지 않은 말을 하면 그 좋지 않은 말 자체는 사실입니다. 하지만 그 사람이 나를 싫어해서 그런 것이라거나 그 사람이 나쁜 사람이라거나 하는 부분은 내가 생각한 것으로 사실이 아닌 것이지요. 이렇게 사실과 사실이 아님을 구분하는 것으로 세 줄 일기를 쓰고 있습니다.

4. 공간을 정화하고 자신을 보호하는 진언

기본적으로 3가지 진언을 외워두도록 하세요. 법계 진언은 터를 깨끗하게 하는 것이며 호신 진언은 자신을 보호하는 것입니다. 그리고 광명 진언은 그곳에 광명이 가득하도록 하는 것입니다. 많은 제자들이 기와 영에 민감해서 항상 힘이 듭니다. 그래서 이 방법을 늘 사용하면 좋습니다.

[법계진언]

옴람

[호신진언]

옴치림

[광명진언]

옴 아모가 바이로차나 마하무드라 마니파드마 즈바라 프라바를타야 훔 오른손을 금강권(엄지손가락을 안으로 말아 넣은 주먹)으로 하고 나서 "옴람"을 7번 외우고 "소하"라고 합니다. 이렇게 3회를 하면 21회가 됩니다. 그런 후에 "옴치림"을 7번 외우고 "소하"라고 합니다. 이것을 3회 반복해서 21회를 외웁니다.

마지막으로 금강권으로 이마, 왼쪽 어깨, 오른쪽 어깨, 가슴, 목에 대도록 합니다. 손을 댈 때마다 "훔"이라고 외웁니다.

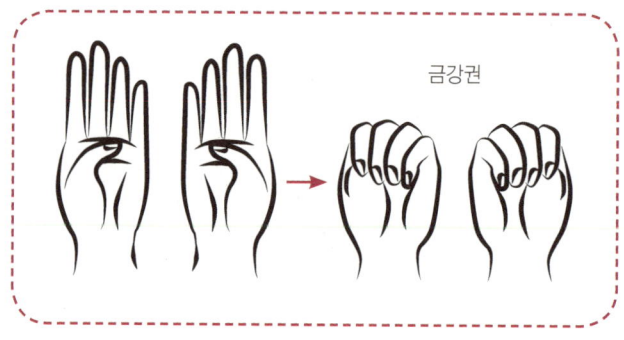

　진언을 외울 때 숫자를 세기 복잡하면 염주를 돌리며 할 수도 있지만 가장 쉬운 것은 왼손의 손가락을 사용하는 것입니다.

엄지와 검지 ➡ 엄지와 중지 ➡ 엄지와 약지 ➡ 엄지와 소지 ➡
엄지와 약지 ➡ 엄지와 중지 ➡ 엄지와 검지

손가락을 떼면서 "소하", 그런 후에 다시 위의 과정을 반복해서 3회를 하면 됩니다.

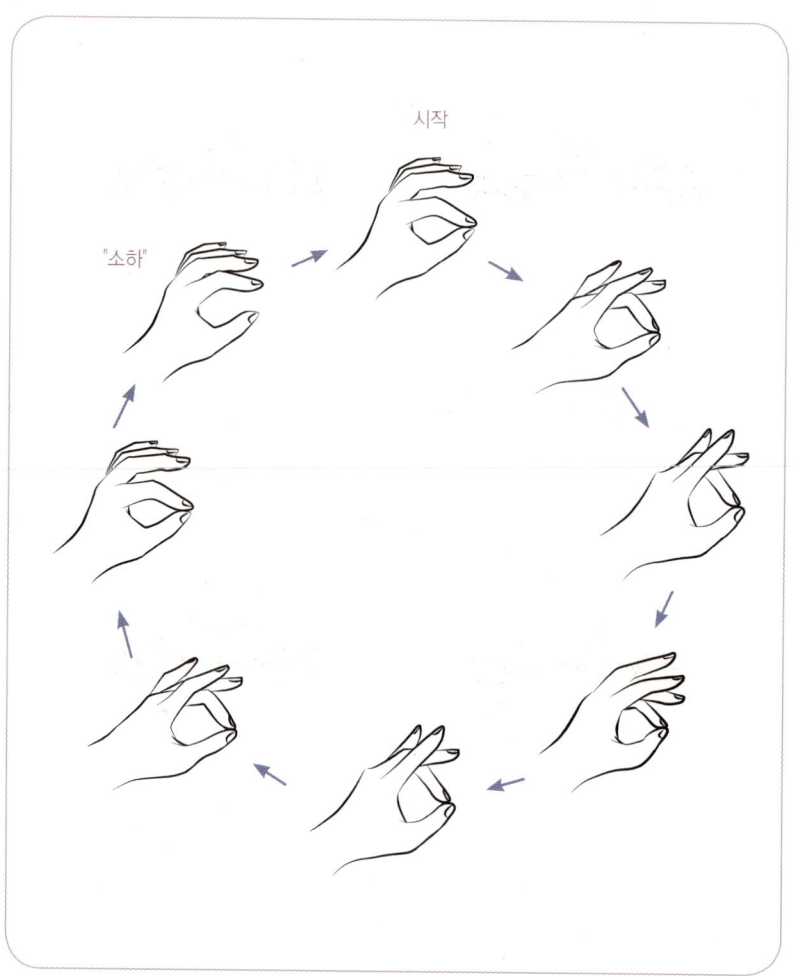

광명진언은 다음의 순서로 합니다.

금강합장을 해서 가슴 앞에 둡니다. 그리고 천천히 이마 앞으로 올립니다.

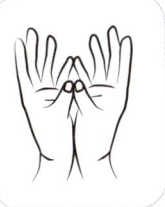
이마 앞의 금강합장을 대연화인(팔엽인)으로 바꾸어서 목 앞으로 내립니다.

목 앞의 대연화인(팔엽인)을 가슴 앞으로 내려서 불부삼매야인으로 바꿉니다.

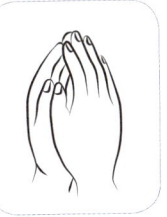
가슴 앞의 불부삼매야인을 허심합장(허공합장)으로 바꾸도록 합니다.

가슴 앞의 허심합장(허공합장)을 오색광인으로 바꾸도록 합니다. 이렇게 오색광인으로 한 후에 광명진언을 외우도록 합니다. 가능하면 밝고 맑고 따뜻하고 부드러운 느낌이 들 때까지 외우도록 합니다.

연화가 하는 방법

일령 사혼설은 일본 무속사상인 신도의 중심 학설입니다. 일령은 영혼이 바르게 되어있을 때 '직령'이라고 하고 영혼이 왜곡되어 있을 때 '곡령'이라고 합니다. 사혼은 기혼, 행혼, 황혼, 화혼이라고 칭합니다. 이 네 가지 혼이 기운으로 충만하면 일령은 직령이 되고 이 네 가지 혼이 기운의 고갈이나 편중이되면 일령은 곡령이 됩니다. 이 일령과 사혼을 줄여서 '영혼'이라고 부릅니다.

기혼
: 지혜·통찰력·초상적인 체험을 관장하는 기운의 각성

일령

행혼
: 행운을 일으키는 기운의 변화장소

황혼
: 이 세상에 물질을 가져오는 기운의 원천이고 소망실현에 깊게 관계

화혼
: 조화·통합하는 작용을 하는 기운의 저장소

일령: 야구공 크기
기혼, 행혼, 황혼, 화혼: 야구공보다 조금 작은 크기

일령은 사혼의 관제탑과 같고 그 사람의 본성이기도 하고 영혼의 DNA인 천명이 있는 곳입니다. 일반적으로 한 사람의 시작은 천지자연의 신들로부터 기운을 나누어 받아서 최초의 직령이 탄생하게 됩니다. 그리고 다른 부모로부터 그 집안의 혼(정신)과 백(신체)을 부여받으며 윤회를 하게 됩니다.

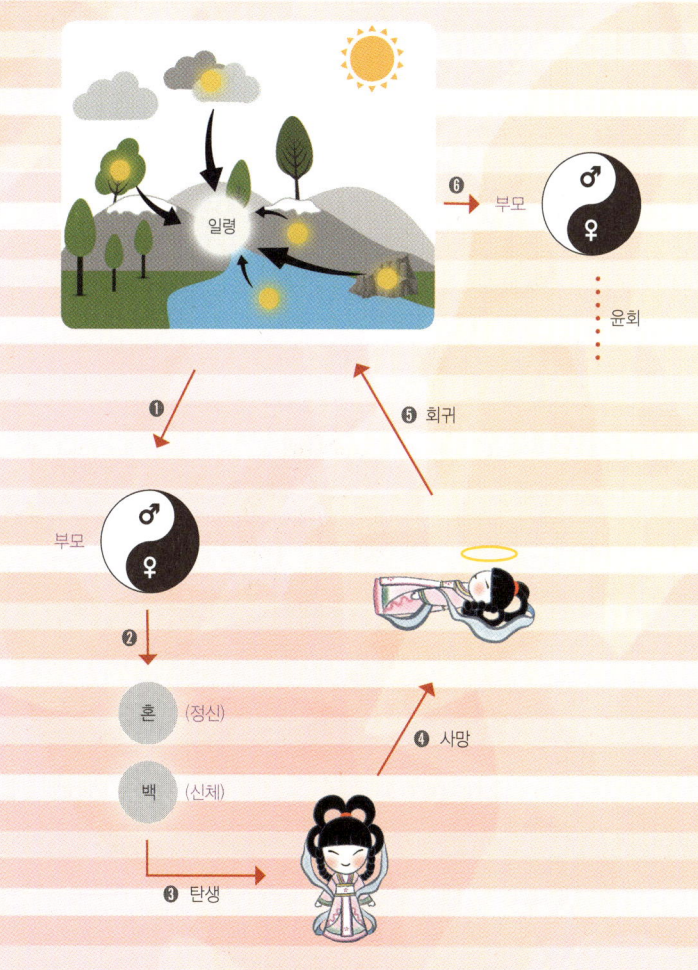

[직령 상태]

엄지를 포개고 소원을 보내고 싶은
방향으로 중지를 향합니다

[신인합일]

[곡령 상태]

이렇게 한 후에 이마 – 왼쪽 어깨 – 오른쪽 어깨 – 가슴을 두드리고 합장을 하며 다음 그림처럼 마음속으로 말을 합니다.

❶ 저를 도와주시고

❷ 구해주시고

❸ 보호해 주시고

❹ 용서해 주세요

❺ 감사합니다

5. 허주 벗기기

허주를 부르고 내보내는 방법은 다음과 같이 합니다.

● 허주의 구분 : 자신이 모시는 신령님 외의 귀신이나 동물이나 강한 신념을 가진 존재들

● 허주를 부르기 위한 준비물 : 신장대 혹은 죽비, 그리고 쑥

● 허주의 종류

맨 처음 허주의 구분은 이렇게 합니다.

▶ 인간계 - 인간으로서의 생을 마감한 영혼들입니다. 이 귀신들은 사람들의 에너지를 먹고 살기 때문에 사람의 몸에 붙어 빙의가 되기도 하며, 일부러 작은 사건 사고를 일으켜 사람의 감정을 이용해 자신이 필요로 하는 신명력을 먹고 가기도 합니다.

▶ 조상계 - 조상님은 엄연하게 따지면 허주는 아니지만 돌아가신 윗분들이 자신의 한을 풀기 위해 제자에게 내려오시는 경우가 있습니다. 명패를 들고 와서 도움을 주시는 조상님들이 아니면 그분들을 모두 모

실 수는 없으므로 자신이 맑아져서 영격이 높은 수준의 조상님들을 뵙기까지는 정중하게 조상님을 돌려보내는 것이 맞습니다.

▶ 동물계 - 지상에 머물렀다 죽은 동물령부터 의식이 없는 충이라 불리는 종류들을 말합니다(곤충, 파충류 등). 특히 동물을 키우신 분들의 주위에 동물령들이 많이 머무르며 충이라 불리는 종류는 말이 통하지 않습니다. 충이라 불리는 종류를 몸에서 내보내기 위해서는 제자 자체가 몸을 건강히 유지하고 좋은 음식을 먹는 것이 가장 좋습니다.

▶ 요물이라 불리는 계통 - 보통은 인간의 의식을 지니고 있다가 사람들에게 이쪽저쪽 붙어 다니며 의식을 잃게 된 귀신들이 서로 뭉쳐 액살이 됩니다. 이 액살은 끈적거리듯이 인간에게 붙어 인간의 신념을 조종하게 되며, 액살은 같은 액살을 끌어당기게 되어 액살에 잠식당한 사람들은 점점 어두워지면서 의욕을 잃어가거나 운이 저하됩니다. 이 액살을 보통 요물, 요괴, 또는 악마라고 하기도 합니다.

또 하나의 요물이라 불리는 계통은 도력을 공부한 적이 있는 동물령들입니다. 보통 허주의 단계에서는 도력을 공부했다고 해도 도움이 되는 동물령들은 가까이 오지 않으므로 거래를 요구하는 동물령 또한 허주의 대상이 됩니다.

● 허주를 부르는 방법

신장대를 왼손으로 잡습니다. 또는 죽비로도 대체 가능합니다. 신장대를 너무 세게 잡거나 몸의 힘을 주지 않도록 세워질 정도로만 느슨하

게 잡습니다. 이때 곧바로 신장대가 흔들리거나 몸이 떨려오거나 하는 등의 반응이 있다면 허주입니다. 중요한 것은 반응을 이끌어내고 입으로 말이 나오도록 하는 것입니다.

허주는 '쇼'입니다. 자신이 1인 2역의 연기를 한다고 생각하시고 자신에게서 한 발 떨어진 채로 생각도 놓아두고 몸도 편히 놓아둔 채 신장대에 맡기고 몸에 맡기는 것이 중요합니다. 입과 턱, 어깨에 힘이 들어가거나 신장대를 너무 꽉 움켜쥐어도 말이 잘 안 나옵니다. 온몸에 힘이 풀려서 입이 헤~ 하고 저절로 벌어지는 순간처럼 그냥 모든 걸 다 풀어 버리고 맡깁니다. 우리가 가끔 살다가 보면 자신도 모르게 헛소리를 툭! 하고 내뱉는 경우가 있습니다. 혼잣말도 가끔은 잘하시죠? 그것과 같이 편안한 상태에서 허주가 나와서 말로 얘기하도록 해야 합니다.

▶ 신장대가 흔들리거나 몸의 떨림이나 반응이 있는 경우에는 이렇게 합니다.

① 누구인지를 묻습니다. 이때 사람, 조상님, 동물, 충, 요물로 크게 나누어 묻습니다.

예를 들어, 의식 영가라고 하겠습니다.

> 66
> 지금 말하는 넌 누구니?
> 언제 죽었니?
> 어디에서 어떤 일이 있었지?

> 왜 나에게 왔지?
> 너는 여자이니? 남자이니?
> 나이는 몇 살이지?

이렇게 말로 나온 영가에게 물으며 세부적으로 디테일을 잡아갑니다.

> 무연고령?
> 나와 인연이 있는 영?
> 인연이 있다면 언제, 어떠한 인연이지?
> 전생의 인연으로 온 영?

말이 안 되는 소리를 해도 판단하지 않습니다. 허주는 보통 말이 안 되는 소리를 많이 합니다. 자신이 죽은 것도 모르거나 말이 뒤바뀌거나 놀리는 경우도 있습니다. 이것에 화를 내거나 흔들리면 제자를 영가가 얕보기 때문에 흔들리지 않고 평상심을 유지하는 자세가 필요합니다.

이렇게 하다 보면 자연스레 세부적인 디테일이 잡히고 감이 있으신 분들은 영상으로 보거나 냄새, 소리, 몸의 반응으로 알기도 합니다.

또는 실제 소름이 돋기도 하며 찌릿한 느낌이 오거나 아픈가 하면, 느닷없이 물건이 툭 떨어지기도 합니다. 이 또한 허주의 장난이기 때문에 그냥 아랑곳하지 않고 넘어가시면 됩니다. 의식이 있는 영가들은 사람들과 같아서 제자가 담담히 받아들이면 알아서 자신의 사연을 얘기하는 경우도 많습니다.

허주는 모두 제자에게서 내보내야 할 대상입니다. 내보낼 때는 말로 얘기합니다. 자신이 믿고 따르는 신령님의 세상으로 또는 믿고 있는 불보살의 세계로, 또는 저 먼 태양계의 빛의 세상으로 떠나라고 하면 됩니다.

일본의 만화 중에는 지상의 한을 가지고 맴도는 영혼들을 인도자가 인도해주면 하늘로부터 천사가 내려와 그들을 천국의 세계로 안내합니다. 그와 같이 자신이 심적으로 강하게 믿는 존재를 청해서 지상에서 떠도는 영혼들을 천상의 세계로 안내해주는 것도 제자가 할 선한 몫인 것입니다.

하지만 문제는 지상에 미련을 두고 떠나지 않는 영혼들입니다. 이때 협상을 하고 얘기하는 건 사람과 똑같습니다. 그냥 "나가~!" 한다면 나가지 않고 협상을 해야 나가는 경우가 대부분입니다.

귀신도 소심한 귀신이 있고 센 귀신이 있습니다. 소심한 귀신은 작은 소원이라도 들어주면 제자의 말을 잘 듣습니다. 그렇기에 예전 우리의 만신들은 지나가다가 물이라도 떠놓고 기도를 했다고 합니다. 그들의 소원을 들어주기에 당장 무리가 있다면 훗날 인연이 될 때 꼭 그 소원을 이루어주겠다고 달래주는 경우에도 본래 돌아갈 자리로 되돌아갑니다.

그에 비해 말이 안 통하는 센 영가들이 있습니다. 이들은 사람들을 약올리고 놀래켜주기를 즐기며 제자 또한 놀이의 대상으로 삼습니다. 제자가 스스로 맑아지고 신령님들과의 소통이 강해지기 전까지는 한 번에 내보내기 힘들기 때문에 기도 시간에 신령님들의 도움을 요청하도록 합니다.

초반 저는 좌종을 치거나 요령을 울리기도 해보며 귀신들이 싫어하는 태양과 같은 센 빛도 상상했지만, 이것은 주변 환경을 고려해야 하며 제자가 금방 지치기 때문에 힘으로 밀어붙이기보다는 신령님과의 감응을 통해 신령님의 힘과 보호로 내보내시는 것이 가장 좋습니다.

걱정하지 않으셔도 되는 것은 이 과정이 익숙해지시면 영가들과도 친구가 될 수 있습니다. 이때부터는 영가들과 힘겨루기를 하는 것이 아니라 영가들이 도움이 필요해서 온 것을 제자 스스로가 감지하게 되고, 그들을 알고 잠시 기도하는 것만으로도 선한 빛의 세계로 인도되는 경우가 많습니다.

② 조상님의 정화를 하는 방법

조상은 대대적으로 이어받은 우리의 DNA입니다. 그렇기에 자신의 생활습관이나 패턴과는 아주 밀접하게 연관이 됩니다. 신내림을 받기 이전, 저는 알지도 못하던 이모할머님까지 전부 내려오시는 바람에 실제 사람을 못 만날 정도로 생활에 지장을 겪은 적이 있습니다.

이렇게 무작위로 내려오시는 분들은 대부분 자신만의 할 말이 있거나, 또는 자신이 이루지 못했던 한으로 인해 그 한을 풀기 위해 오시는 분들이 대다수입니다. 특히 제자가 처음 허주를 시작하는 경우, 조상님이라고 한다면 공들여 모셔야 하는 것은 아닌지 고민이 많이 되실 텐데, 조상님이라고 다 모신다면 제자가 지쳐서 아무것도 하지 못하게 되니 이 부분에 있어서는 분류를 정확히 하셔야 합니다. 조상님이 내려오신 경우에는 일반 영가들과는 달리 정중한 말을 쓰시고 정중히 대하도록 합니다.

> 저와는 어떻게 관련이 되시나요?
> 외가, 친가 어떤 쪽과 연관이 되시나요?
> 저를 찾아오신 연유는 어떻게 되시나요?
> 제게 바라시는 게 있으신가요?
> 몇 대조 어떤 조상님이시며 어떤 일을 하셨나요?
> 원하시는 것이 있으시면 말씀해주세요.

돌봐주기 위해 왔다지만, 점사를 내거나 부적을 쓰거나 어떠한 명패도 가지고 오지 못한 경우에는 조상님이 원하시는 바를 들어드리고 풀어드린 후에 돌려 보내드리도록 합니다. 또는 좀 더 높은 차원으로 가기 위해 신령님의 힘을 부탁하는 경우도 있습니다. 제자의 공과 덕이 높아질수록 조상님들도 더 높은 수준에 머물 수 있게 되기 때문입니다. 가끔은 살아생전 특별한 능력을 지니셨던 분이 잠시 도움을 주기 위해 머무를 수 있습니다만, 그런 분들은 정화된 영혼이며 일시적으로 머무는 분이시기에 큰 요구를 하지 않는 경우가 대부분입니다.

조상은 대대로 연결이 되기 때문에 만약 자신이 비 오는 날 이유 없이 우울해진다면 그와 같은 연결을 지닌 조상님을 불러 정화를 해 드리는 것이 좋습니다. 예를 들면, 물에 빠져 돌아가신 조상님이나 그와 관련되어 넋을 기리지 못한 영혼을 불러내는 것입니다. 자신의 나쁜 생활 습관과 연관된 조상님을 불러 더 높은 곳으로 보내드리는 것이 제자가 해야 할 일이며, 이를 통해 제자는 좀 더 높으신 분들과 연결이 되어 생활의 전반적인 것들에 서서히 변화가 생기기 시작합니다.

③ 동물계 영들을 정화하는 방법

여기서부터 허주를 할 때는 가장 난감하고 어려운 부분이 됩니다. 왜냐하면 동물들은 언어가 통하지 않기에 실제 부르면 해당 동물소리를 내거나 그냥 "쿠룽 쿠룽~, 우어어~" 하는 등의 소리를 내기 때문입니다. 말을 하는 동물령은 의식 영가처럼 내보내시면 됩니다. 그러나 언어가 통하지 않는 경우의 동물령들은 사람들의 신체 속에 붙어 지내는 경우가 많습니다. 그렇기에 제자의 몸이 무겁게 느껴지거나 갑작스런 식탐이 생기게 하거나 또는 의식을 멍하게 만들고는 합니다. 말이 통하지 않는 동물령의 경우는 동물들의 축생을 교화 담당하는 마두관음님의 도움을 받아 동물들을 몸속에서 내보내도록 합니다.

마두관음님의 도움을 받을 경우, 불을 붙일 수 있는 야외로 나가 불교에서 쓰는 호마법이나 그보다 비교적 간단한 인도의 호마법을 이용하여 불의 힘을 빌려 정화를 할 경우 효과가 좋은 편입니다. 그 외로는 간단하게 종이 탑다라니를 구입하여 몸이 무거운 부분에 문지르거나 동물령이 붙어있다고 생각하는 곳에 문질러 한꺼번에 야외로 나가 태워버리도록 합니다. 재가 남고 불을 이용해야 하므로 이 경우에는 불의 사용이

가능한 장소를 미리 선정해두시는 것이 좋습니다.

또한 동물들은 본래가 있어야 할 자리인 산이나 바다를 좋아하므로 가끔씩 야외로 나가 산신님과 용신님을 청해 동물령들이 본래로 갈 수 있도록 도움을 요청하는 것도 가능합니다. 충의 경우에는 자신의 생활 습관을 바꿔 가는 것만으로도 상당히 많은 정화가 됩니다.

자신에게 해가 되거나 자극적인 음식은 피하고 간단한 운동을 하세요. 그리고 간단히 햇빛을 상상하며 자신의 몸이 햇빛에 맑게 샤워하듯 씻겨 나간다고 생각합니다. 그중에서 유난히 막히는 곳이 충이 있는 곳인데 이 경우에도 탑다라니 정화를 이용하시면 좋습니다. 초반에는 가급적 탁한 곳은 피하고 자신의 전안이나 맑은 장소에서 머물며 정화를 해봅니다.

④ 요물이라 불리는 계통의 정화

애동에게는 한 번에 정화가 힘든 아주 난관의 코스입니다. 흔히 사람들에게 액살이 껴서 운이 나빠진다는 것이 이 요물이 몸 안에 굵직하게 자리 잡은 경우입니다. 이 요물들은 사람의 기운을 빨아들여 우울하게 만들고 자신이 필요로 하는 에너지를 한 사람에게서 모두 빼앗아 갈 때까지 남아 있다는 것이 문제입니다.

이 요물들을 서양에서는 악마라 하기도 하며 전설 속에서는 요괴로 등장하기도 합니다. 저의 경우는 이 요물을 형상화할 때 아주 냉철한 인간 남자의 모습으로 나타나기도 했습니다. 오히려 무서운 이미지일 줄

알았는데 너무나 정상적인 모습이기에 계속 제 스스로를 의심할 수밖에 없었습니다. 그들은 의외로 이성적으로 느껴지며 또한 사람들에게 뿌리 깊게 자리 잡은 신념을 건드려 그 신념만이 옳다고 상상하게끔 만드는 힘이 있습니다. 예를 들면, 제자가 허주를 하는 것이 잘못되었다고 하거나 또는 신내림조차도 잘못되었다는 논리를 펼칩니다. 그들은 제자보다도 똑똑해 보이며 굉장히 논리적으로 생각될 때도 많습니다. 또한 제자에게 아주 달콤한 제의를 하기도 하며 현재 가는 길이 옳지 않다는 믿음을 심어주기도 합니다. 무언가 허주 벗기기를 하고 굉장히 힘이 빠지고 우울해진다면 이 요물의 계획에 걸려든 것입니다. 요물이라 불리는 계통은 오래도록 쌓인 힘이자 뿌리 깊은 잘못된 신념을 건드리기 때문에 빨리 정화를 하겠다고 달려들면 안 됩니다.

 동물령의 경우도 도력 등의 공부를 했던 동물들이 등장하는데 이들의 특징은 아주 가볍고 무언가를 쉽게 거래하자는 유혹에 빠뜨리는 것입니다. 혹해서 이 유혹에 빠지시면 엉뚱한 점사를 내거나 엉뚱한 곳에 기도를 가기도 하기에 조심하셔야 합니다. 진짜 자신을 수호하는 수호동물인 신수는 제자 스스로 정화가 어느 정도 된 다음에야 나타나며 그들은 에너지가 상당히 부드럽고 젊잖기에 제자 스스로가 느낄 수 있습니다. 그리고 가장 중요한 것은 자신의 수호동물은 실제 손님을 데려오거나 점사를 돕거나 제자에게 현실적인 도움을 줍니다.

 요물은 빛으로 보내는 것이 아니라 본래 가야 할 어둠의 자리로 돌려보내야 합니다. 천상의 세계가 있듯 지하의 세계로 내려가도록 합니다. 하루 이틀 만에 정화되는 것이 아니며 정화가 될 때까지는 계속 불러서 본래 가야 할 자리로 돌아가도록 얘기를 해야 합니다. 이때 가장 중요한

포인트는 신령님의 뜻을 따라 바른 제자로 가겠다는 의지도 중요합니다. 신령님의 뜻과 어긋나는 신념은 스스로 정화하고 요물에 대항할 수 있는 신화 속의 신을 찾아 그분들의 권위를 마음속에 되찾으면 요물들은 대항하지 못하고 떠나게 됩니다. 가장 중요한 것은 초반에는 빨리라는 마음에 사로잡히지 말고 매일 수련을 꾸준히 하는 것이 포인트입니다. 요물들이 가장 좋아하는 것이 제자의 마음을 혼란스럽게 만드는 것이기 때문입니다.

▶ 죽비나 신장대의 흔들림이 없거나 몸의 아무런 반응이 없는 경우에는 이렇게 합니다.

신기가 있으신 분이라면 허주가 없을 경우는 거의 없습니다. 그런데도 손에 쥐고 있는 죽비나 신장대가 요지부동인 경우는 다음과 같습니다.

① 첫 번째는 몸의 힘이 너무 들어간 경우입니다. 특히 턱과 입에 힘이 들어간 경우입니다.

② 두 번째는 제자 자신이 '이것이 맞나?'라는 의심에 자신을 놓아버리지 못하는 것입니다. 제자에게는 맞고 틀리고가 없고 허주 벗기기는 창피한 일도 아닙니다. 보통은 허주 벗기기를 점잖게 하시려는 분들이 말이 더 안 나오는 경우가 있습니다. 앞에서도 얘기했지만 허주 벗기기는 연기입니다. 연기자가 연기에 몰입하는 게 부끄럽고 점잖을 그런 게 있을까요? 제자는 제 2의 연기자이니 자신의 역할에 몰입을 해보시길 바랍니다.

③ 세 번째로는 정말로 뿌리 깊은 액운이 자리 잡은 경우입니다. 너무 뿌리가 깊고 정화해야 할 게 많아도 아무것도 안 나오는 경우가 있습니다.

이러할 경우에는 두 가지를 해 볼 수 있습니다.

> 신장대를 잡고 내 몸의 아픈 곳
> 내가 전에 경험한 고통스러운 기억
> 어딘가 찜찜하게 느껴지는 공간
> 나를 괴롭히는 주제
> 00와 관련해서 내게서 떨어지지 않는 영가
> 현재 내가 하는 일과 전혀 관련이 없는 한이 있는 조상님

이들 중 하나를 잡아 그것과 관련된 허주들을 불러내는 겁니다.

> "
> 지금 내 심장에 자리 잡고 고통 주고 있는 놈 나와!
> 7살 때 경험한 00과 관련해서 나에게 안 좋은 영향 주고 있는 놈 나와!
> 이 공간 00에서 지켜보고 있는 놈 알고 있으니까 나와!
> 돈 문제와 관련해서 안 좋은 영향을 주고 계신 조상님 나오십시오.
> (조상님은 예를 어느 정도 갖춰야 말씀을 하십니다)
> "

적어도 이렇게 계속 부르다 보면 말까지는 아니더라도 어버버버한 음성이라던가 또는 몸의 아픔, 고개를 까닥까닥 움직이시는 것까지는 되실 것입니다.

● 허주 벗기기를 해야 하는 시간은 얼마나 해야 할까요?

시간은 정해진 것이 없습니다. 사람마다 다 다릅니다. 허주는 30분이라도 매일 하는 것이 좋으며, 유난히 정화가 잘 되는 날은 10시간씩 몰아서 하는 것도 큰 경험이 되기도 합니다.

저의 경우는 허주를 시작할 때 직장을 다니고 있었으므로 퇴근을 하고 집에서 하였으며, 허주가 잘 될 때는 2~3시간도 훌쩍 넘기고 안될 때는 하다 쉬고 또 하다 쉬고 하였습니다. 주말에는 10~12시간도 해본 적이 있는데 이때는 집 뒤의 산이라도 가서 맑은 공기를 쐬며 좋은 기분도 함께 느끼고는 하였습니다.

'허주를 꼭 내보내야만 한다!'란 마음으로 하면 고통받습니다. 허주 벗기기가 잘 되는 날은 몇 시간씩 하시고, 안 되는 날에는 경문을 읽거나 간단히 허주를 불러내는 정도로 마무리합니다. 이때 불러낸 허주는 메모를 해 놓았다가 그다음에 다시 불러봅니다. 가끔은 불러내는 것만으로 스스로 정화되어 나갈 때가 있기에 체크를 해두는 것입니다.

● 허주 벗기기를 하기 전과 후에는 어떤 것이 필요할까요?

허주 벗기기를 하기 전과 후 환기를 시키는 것이 중요합니다. 특히 허주 벗기기를 하고 난 이후엔 반드시 환기를 시키고 쑥이나, 세이지 허브를 태우는 것도 좋습니다. 세이지 허브나 쑥 등을 실내에서 태우면 연기가 너무 심한 경우가 있기에 좁은 공간에서는 태우지 마시고 환기가 되는 곳 가까운 실외에 나가서 태우셔도 됩니다.

세이지 허브나 쑥 등을 태우며 허주 벗기기로 오늘 하루 정화된 모든 것이 연기를 통해 밖으로 모두 나간다고 상상하시면 더 좋습니다. 법당에서 기도를 하시는 분들은 허주 벗기기를 한 이후에 환기와 정화가 된 후 기도를 하세요.

● 허주 벗기기는 언제까지 해야 할까요?

초반에 힘드니까 정말 이 질문 많이 합니다. 역시 답은 없습니다. 사람마다 빠른 사람이 있고 느린 사람이 있습니다. 기간을 정해두는 것 자체가 사람의 생각이고 일이며, 만약 그렇게 허주를 빨리 내보내고 자신은 신령님과의 감응만을 하며 살겠다 생각한다면 그것이 바로 본인의 한계를 정하게 되는 것입니다. 우리가 사는 세상은 항상 맑은 상태가 있는 것만은 아닙니다. 어둠과 더러움이 공존하며, 또 그것들이 스스로 정화되거나 인간들에 의해 깨끗하게 청소되어 지듯이 제자는 평생 허주들과는 뗄 수 없는 관계로 지내게 됩니다. 제자가 성숙해지면 보이지 않는 영역에서의 일을 스스로 정화할 수 있는 능력이 생기고, 그를 통해 오히려 제자와 함께 하는 사람과 공간이 맑아지게 됩니다.

허주는 무서운 대상이 아니며 지긋지긋한 일도 아니기에 초반의 어려움을 넘어서면 세상 너머의 신비를 경험하며 더 즐거운 제자의 생활을 즐기게 됩니다. 허주는 매일이 다릅니다. 매일 하다 보면 어느 순간 자신도 모르게 성장해 있고는 합니다. 그러다 보면 도구 없이도 정화가 되고 좀 더 편안하게 귀들의 힘을 다룰 수 있는 날들이 옵니다. 마음이 급할수록 걸리는 돌은 점점 많아집니다.

● 허주 벗기기는 판타지 세계이고, 이미 그곳에 가 있다면 좀 더 쉽습니다.

허주 벗기기는 판타지의 세계입니다. 허주를 신명 나는 놀이판이라고 생각하고 자신의 정신연령을 낮춰보세요. 유치원 아이들이 노는 걸 보면 아무것도 없는데 등장인물이 생기고 실제 존재하는 것처럼 많은 이야깃거리들이 생기죠? 1인 쇼를 하고 상상을 하고 무슨 말을 해도 판단하지 말고 그냥 놀아보세요. 허주들이 가장 잘 읽는 건 사람의 마음입니다. 그리고 그 순간 모든 귀신과 영가들이 이 사람이 센지 약한지를 테스트하는 테스트의 장입니다.

너무 무거워도 안 되고 너무 가벼워서도 안 됩니다. 그냥 태연히 나는 내 일을 하는 게 허주 벗기기의 핵심입니다. 평정심을 지키고 무당으로서의 권위는 스스로 세우는 것입니다. 허주 벗기기를 할 때 이게 맞나? 안 맞나? 하는 순간부터는 힘들어집니다. 그 순간에는 판타지 만화 속 주인공이 되었다 생각하시고 모든 걸 흐름에 맡기시는 게 좋습니다.

 연화가 하는 방법

저의 경우 처음에는 전통적인 방법으로 허주를 벗겼습니다. 하지만 요즘은 그렇게 하지 않고 자애 명상으로 이를 행하고 있습니다. 자애 명상은 자비관으로도 알려져 있는데 그 유래는 다음과 같습니다.

부처님의 제자들께서 숲속에서 수행을 시작하지 그 숲에 살던 나무의 신들이 불편해졌습니다. 그래서 그들이 여러 가지 귀신이나 요괴의 모습으로 부처님의 제자들을 괴롭히자 부처님의 제자들께서는 부처님께 도움을 요청했습니다. 그러자 부처님은 자비경을 주시면서 이를 실천하라고 하셨고, 다시 숲에 들어간 부처님의 제자들은 모두 숲속의 신들의 도움을 받아서 수행을 잘 마칠 수 있었다고 합니다.

자애 명상은 쉽습니다. 우선 마음속에 내가 사랑하는 대상을 떠올리고 그 사랑의 느낌을 주위 공간으로 퍼져가게 하는 것입니다.

　만일 허주가 있으면 허주에게도 이 사랑의 빛을 비추어 줍니다. 이렇게 하는 것만으로도 충분히 허주들이 나가기에 요즘은 이렇게 하고 있습니다.

6. 진혼귀신

제자의 길을 가면서 가장 많이 듣는 조언이 "인간의 마음을 버려라."라는 말일 것입니다. 분명히 맞는 말이며 정말로 중요한 것입니다. 하지만 실제로 이를 행하려고 하면 막연해서 어떻게 해야 할지를 알 수 없습니다.

일본의 신도 세파들 중에서 메이지 정부나 군국주의 정부가 행했던 신도를 반대하고 순수한 신의 길을 가던 고대의 신도로 되돌아가자는 고신도가 있습니다. 이 고신도에서는 이러한 인간의 마음을 버린다는 것을 '진혼귀신(鎭魂歸神)'이라고 합니다. '혼을 진정시켜서 신에게 귀의한다'라는 의미입니다. 인간의 마음을 진정시켜서 신에게 귀의한다라고 보아도 됩니다. 그러므로 인간의 마음을 버린다는 것은 인간의 마음을 진정시킨다는 의미라고 보아도 됩니다.

그러면 구체적으로는 어떻게 해야 할까요?

진혼법

우선, 직경 2센티에서 3센티 정도의 무겁고 단단한 돌을 준비합니다. 가벼운 돌이나 다른 돌에 문질러서 상처가 생기는 것 같은 건 안 됩니다. 이것을 진혼석이라고 합니다. 신성한 행법에서 사용하는 돌이므로 가능하다면 사찰의 경내라던가 청정한 산속이나 해안에서 찾아낸 것이 좋을 것입니다.

진혼석이 준비되었다면 돌을 물로 씻고 소금이나 향으로 깨끗이 정화를 해 둡니다. 다음으로 심신과 방을 깨끗이 하고 나서 소반 위에 안치하고 그 앞에 정좌합니다. 만일 소반이 없다면 한지를 깔고 바닥에 놓아도 괜찮습니다.

가슴 앞에서 진혼인을 맺고 등을 펴고 느긋하게 자세를 잡습니다.

신혼인은 소자 약지 중지를 왼손의 손가락을 아래로 해서 깍지 끼고 검지를 뻗어서 마주 대고 엄지는 손톱을 가볍게 누르면서 맺습니다. 위로 올라가는 손가락은 어느 쪽이든 상관이 없습니다.

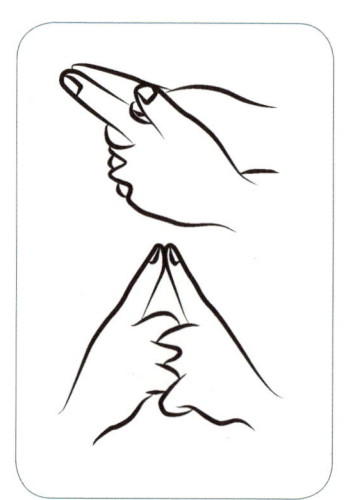

다음은 가볍게 눈을 감고 마음을 진혼석에 집중을 합니다. 그리고는 눈을 감고 진혼석이 머릿속에 떠오르도록 합니다. 약 20~30분 정도로 행합니다. 잡념이 사라지고 의식이 맑아지기 시작하면 머릿속 마음의 눈에 돌이 보이기 시작하게 되면 행법에 익숙해진 증거입니다. 이러한 상태에 이르고 수개월에 이르게 되면 천지의 영기는 자연스럽게 혼에 거두어 들여져 영검이 높아져 갈 것입니다.

그리고, 적당한 돌을 구할 수 없을 때는 양초로 행하는 것도 가능합니다. 양초에 불을 붙여서 진혼석 대신에 그 불꽃에 마음을 집중시키는 것입니다. 이 경우 진혼이 진행되면 불꽃이 커지게 하거나 흔들리게 하거나 자유롭게 조정하게 됩니다.

이렇게 꾸준히 해서 머릿속에 진혼석이나 촛불을 떠올릴 수 있게 되면 신령님의 모습을 볼 수 있습니다. 눈을 감고 신령님을 청하면 진혼석이나 촛불이 떠오르는 것처럼 신령님의 모습이 보이게 됩니다. 물론 눈을 뜨고 그림이나 사물을 보듯이 그런 것이 아닙니다. 머릿속에 이미지로 떠오르게 됩니다. 그러므로 진혼 상태란 눈을 감고 머릿속에 진혼석이나 촛불을 떠올릴 수 있으면 됩니다.

이렇게 진혼이 되면 다음은 부정을 없애야 합니다. 진혼이 된 상태에서 부정을 없애는 방법은 간단합니다. 다음의 부정인을 짚으면 부정이 물러갑니다.

부정인

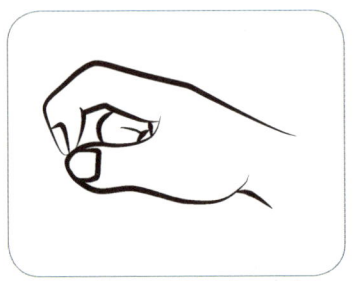

　오른손으로 위의 수인을 맺고 "부정이 물러가면…"이라고 외웁니다. 그런 후에는 아래와 같이 손을 뒤집으면서 "…올바른 신이 내린다."라고 외우면서 손을 폅니다. 손이 약간 묵직하거나 저리거나 어떠한 직성이 오면 제대로 정화가 된 것입니다. 이 수인은 진혼이 된 상태에서 행해야만 효과가 있습니다. 부정을 치고 싶은 물건이 있으면 왼손에 들고 하거나 왼손을 대고 위의 방법을 행하면 됩니다.

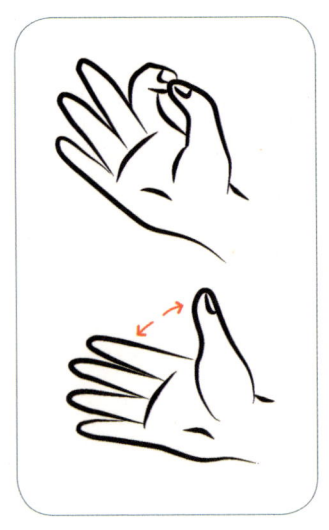

이제는 신기 직성을 받아야 합니다. 이것을 '현기발현(玄氣發現)'이라고 합니다. 현묘한 기운이 발해져서 드러난다는 의미인데 우리식으로는 신기발현이 될 것입니다.

현기발현

① 가슴 앞에서 합장하고 머리 위를 의식하면서 천지의 현기를 받아서 '무량청정광(無量淸淨光)'이라고 10번 읊습니다.

② 양팔을 앞으로 뻗어서, 뒤쪽으로 돌리면서 팔 전체를 바깥쪽으로 비틀 수 있을 만큼 비틀면서 '무량청정광(無量淸淨光)'이라고 7번 읊습니다.

③ 안쪽으로 비틀 수 있을 만큼 비틀면서 '무량청정광(無量淸淨光)'이라고 7번 읊습니다.

④ '무량청정광(無量淸淨光)'이라고 한번 읊고 양 손바닥을 쥐었다 펴기를 빠르게 수십번(최소 30번 이상) 반복합니다.

⑤ 손목부터 힘을 빼고 손바닥을 흔들면서 '무량청정광(無量淸淨光)'이라고 21번 읊습니다.

⑥ 가슴 앞에 합장하고 숨을 멈춘 상태에서 빠르게 양손을 비비면서 '무량청정광(無量淸淨光)'이라고 21번 읊습니다.

연화가 하는 방법

몸푸리를 할 때 했던 것처럼 손바닥 사이에 기를 모은 후에 그 기를 가슴에 넣도록 합니다.

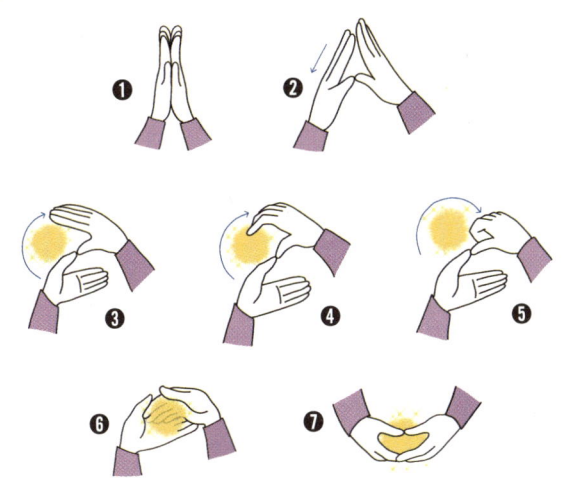

만일 기를 잘 느끼지 못할 경우에는 다음과 같이 하도록 합니다.

① 두 손을 앞으로 내밀어 손바닥을 펴서 마주보게 한다. 빠르게 손바닥을 비빈다.

② 한 손은 밑으로, 다른 한 손은 위로 놓아 마주보게 한다.

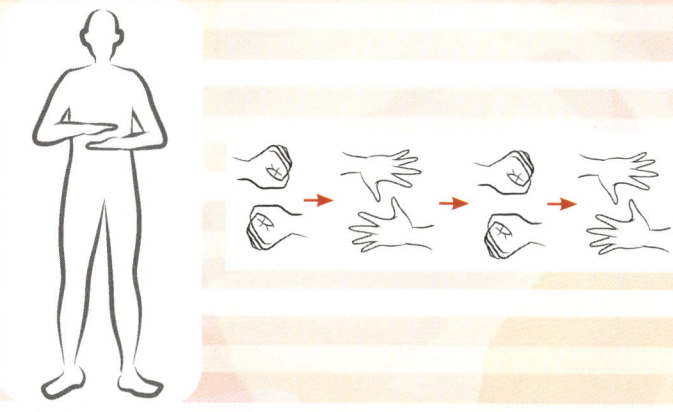

③ 빠르게 주먹을 쥐었다 펴기를 반복한다.

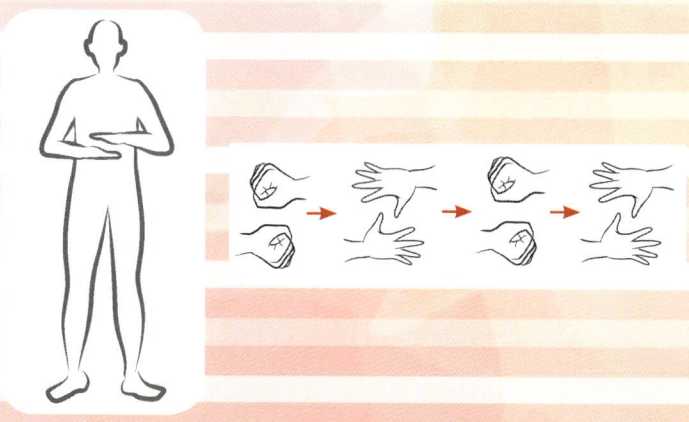

④ 손의 위치를 바꾸어 다시 주먹 쥐었다 펴기를 반복한다.

⑤ 다시 ①번을 실행한다.

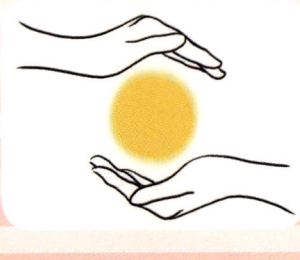

⑥ 기감을 느껴본다.

이렇게 만들어진 기의 구슬을 가슴에 넣은 후에는 일령과 사혼의 위치로 보내도록 합니다.

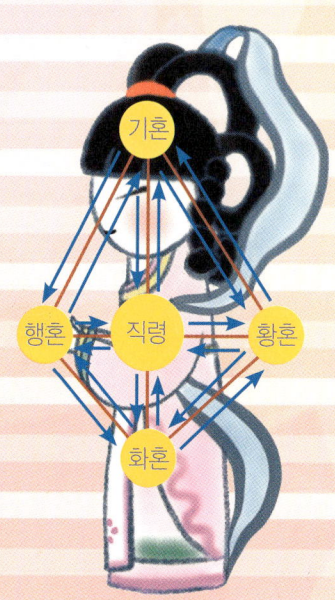

[직령에서 시작해서 직령에서 끝나는 것이 포인트]

① 눈을 감고 심호흡을 합니다.
② 직령에 불붙은 양초를 세운 이미지를 상상합니다.
③ 그 양초의 불을 빙글빙글 회전하는 불구슬로 바꿉니다.
④ 직령에서 시작하여 사혼으로 이동합니다 – 돌아다니는 순서는 정해져 있지 않습니다. 여러 패턴으로 해도 좋습니다. 스스로가 그때 필요하다고 생각하는 장소로 가면 됩니다. 앉아서 해도 누워서 해도 서서 해도 됩니다.

이때 각자의 역할을 의식하며 행하는 것이 더 좋습니다. 신경쓰이는 혼에만 힐링해도 괜찮습니다.

⑤ 마지막에는 반드시 직령으로 돌아옵니다.
⑥ ③에서 이미지화했던 불구슬에서 ②의 양초 상태로 돌아옵니다.
⑦ 양초에 붙은 불을 직접 입으로 "후~"하고 불어 끕니다.

모두 마치면 아래와 같이 해서 마무리를 합니다.

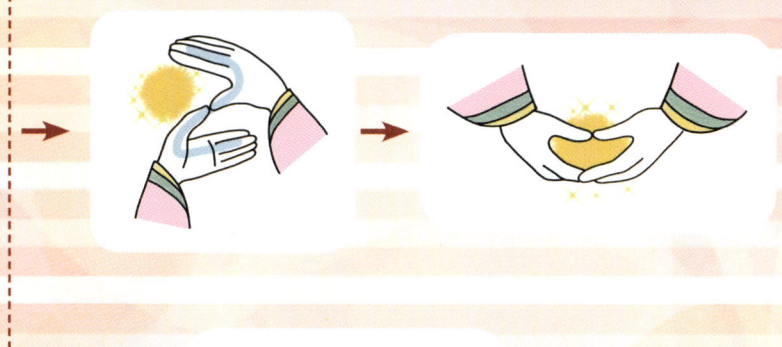

이렇게 하고 나면 마음과 기운도 많이 정돈이 되고 상쾌해집니다.

7. 신령님은 누구실까요?

애동들에게는 참으로 안타깝기도 한 이름이 신령님일 것입니다. 무언가 궁금한 것이 생겨서 질문을 하면 가장 많이 듣는 답이 본인 어르신께 답을 청하라는 이야기를 듣습니다. 그리고 인터넷이나 책들을 통해서 자료를 얻으려 해도 여기저기 다 다른 내용들이 있어서 참으로 어렵습니다. 일단 앞에서 이야기한 사경을 충분히 해오셨다면 대략적으로 어떠한 분들이 계신지 알 수 있을 수 있습니다. 하지만 그렇지 못한 경우라도 기본적으로 세 가지로 나누어서 생각을 하면 이해하기가 어렵지 않을 것입니다.

다만 다음에 나오는 내용도 제가 그렇게 배우고 경험한 것이기에 이것만이 답이 되는 것은 아닙니다. 단지 앞으로 공부해 나아가실 경우에 조금이라도 도움이 되실까 해서 이야기를 하는 것입니다. 그러므로 필요한 부분만 취하시면 됩니다.

천신

하늘의 높은 곳에 계시다는 천존님이나 혹황상제님이나 부처님과 보살님들처럼 오랜 세월 신앙의 대상으로 믿어왔던 신들과 해와 달과 별과 산천 자연의 신들을 모두 합해서 천신이라고 칭합니다. 천신님은 대개 몸주신으로 오시는 경우가 많으며 인간사에 자주 개입을 하거나 하지 않으십니다. 하지만 집안이나 재가집에 우환이 있을 때에는 몸주이신 천신님께 빌어야 합니다.

인령신

인령신은 영웅이거나 한시대를 풍미했으나 억울하게 한을 품고 돌아가신 분이십니다. 최영 장군님이라든지 이러한 분들이 주로 인령신으로 오십니다. 인령신은 원력이 크지만 우선적으로 맺히신 한을 이해해야 합니다. 만일 억울한 일을 당했다면 억울한 일을 당한 신령님께 빌어야 공감을 얻을 수 있으니까요. 그래서 많은 전래되는 이야기들을 읽으며 합의 합수를 받을 때 그러한 부분을 고려해야 합니다. 하지만 가장 확실한 응답을 해주시는 신령님이 인령신님들입니다.

조상신

조상님들의 경우 도를 닦고 덕을 얻어서 높은 존격을 얻으신 분이 계신가 하면 살아생전에 한을 품거나 옳지 못한 삶을 사신 분들도 계십니다. 만일 어떤 집안에 그림을 그리신 조상님이 계신데 참으로 도와 덕을 일체 갖추셨다면 그 집안에서는 그림을 그리는 자손들이 다 잘될 것입니다. 하지만 어떤 집안에서는 그림을 그리던 조상께서 패악질을 일삼고 민폐를 끼치다 돌아가셨을 수도 있을 것입니다. 이 집안에서는 그림을 그리는 자손들은 그 영향을 받아서 모두 힘든 인생을 살게 됩니다. 그렇기에 제자들은 이러한 조상님들을 헤아려 풀어 드려야 하는 것이지요.

조상님들 중에서 가장 높은 도를 얻고 가장 넓은 술을 하시는 어르신이 대개 주장신님으로 오시게 됩니다. 주장신님이 앞서셔야 모든 신령님들이 제자리를 차지하게 됩니다. 그렇기에 몸주신님이 아버지라면 주장신님은 어머니와 같습니다. 가장과 안주인이 자리를 제대로 잡아야 집안이 바로 서듯이 이 두 분을 중심으로 기도를 시작하게 됩니다.

연화가 하는 방법

　신내림을 하는 과정이란 허주를 벗겨내고 오신 신령님을 가리를 잡는 것이 전부라고 할 것입니다. 허주는 혼자서도 하지만 선생님이 함께 정화를 해주면 좀 더 쉽게 몰아낼 수 있습니다. 이렇게 허주를 모두 몰아낸 후에 천신님들 중에서 몸주신령님을 받고 조상님들 중에서 주장신령님을 받게 되는 것이지요.

　저의 경우 우선 제자가 되기 위해서 시작을 하는 분들은 천신 기도를 먼저 권하고 있습니다. 이렇게 천신 기도를 하고 계시면 하늘에서 빛이 내려와서 제자가 되실 분에게 닿게 됩니다. 그러면 그 빛이 도교 쪽 신령님이신지 불교 쪽 신령님이신지 아니면 무속 쪽의 신령님이신지를 구분합니다. 도교 쪽의 신령님이시라면 천존님이시거나 옥황상제님이시고, 불교 쪽이라면 부처님이나 보살님들이실 것이며, 무속 쪽이라면 칠성님이나 용왕님이나 이러한 분이 오시게 됩니다. 이렇게 오신 분께 명패를 여쭈어보고 나서 그 명패로 기도를 드리도록 지도를 합니다.

　이렇게 몸주신령님이 좌정을 하셔야 허주가 쉽게 들지 않게 됩니다. 몸주신령님이 자리를 잡을 때까지 기도를 꾸준히 하고 나서 주장신령님을 모시기 위해서 본향본산 기도를 가도록 합니다.

본향본산 기도를 마친 후에는 주장신령님과 그 외 합의 합수하신 신령님들을 가르고 나서 산신기도와 용궁기도를 하고, 마지막으로 국사당에 한 사람의 무당이 태어났음을 고하는 것으로 입무의식을 일단 마무리하게 됩니다.

8. 명기와 서기와 공수 받기

　내림굿을 하고 나서 말문도 안열리고 무엇이 느껴지지도 않는다는 애동들이 많습니다. 이는 대개 신가물이 아닌 분이 내림굿을 받았거나 그게 아니면 허주가 충분히 나가지 않은 상태에서 내림굿을 했거나 그것도 아니면 가리를 잘못 잡아서 어르신께서 돌아앉으셔서 그런 경우가 많습니다. 그러므로 입무 과정은 참으로 실력이 있는 만신께서 진행을 하셔야 하지만, 그것보다 더 중요한 것은 선생님과 제자가 조상이나 전생에서 고가 맺히지 않았어야 합니다. 인연과 연대가 맞는다는 것이 이러한 이야기입니다. 아무리 나랏만신이 신 선생님이시라 해도 인연 연대가 맞지 않으면 모든 게 막히게 됩니다.

그러므로 마음의 소리를 잘 들어야 합니다. 그리고 내 마음의 소리가 말해주는 선생님을 만나는 것이 중요하지 그 선생님의 원력은 그다음의 문제입니다. 내 마음의 소리가 말해주는 것은 그 선생님이 나를 대하는 태도를 감안해서 느껴지는 것입니다. 아무도 이미 오신 신을 거둘 수 없고, 아무도 오지 않은 신을 모셔 올 수 없습니다. 그렇기에 함께 이 과정을 성실하게 진행하실 분이 중요하지 그 선생님의 실력은 별로 중요하지 않습니다. 얼마나 과정을 성실하게 하고 제자를 세심하게 살피는지가 가장 중요한 것이지요.

그렇다면 입무과정을 통해서 얻는 것이 무엇일까요? 신령님들을 모시면서 해야 하는 것은 명기와 서기와 공수를 할 수 있어야 합니다. 여기에 화경과 이보를 더하기도 하지만 화경과 이보는 덜 중요하고 없어도 되는 능력입니다. 명기는 다른 말로는 신기라고 하고 서기는 다른 말로는 직성이라고 합니다. 그리고 공수는 말문이라고도 부르고요. 그래서 명기신기, 직성서기, 말문공수라고 한꺼번에 말하는 경우도 있습니다.

우선 말문공수는 신령님이나 영가가 실려서 말을 하는 것입니다. 사실 명기나 서기나 화경이나 이보는 꼭 제자가 아니라도 도 닦는 스님들이나 일반인들 중에서 촉이 있는 사람들이 훈련을 통해서도 얻을 수 있는 능력입니다. 하지만 오직 말문공수만은 제자만이 할 수 있습니다. 그렇기에 다른 것보다 더 중요한 것이지요. 말문공수가 바로 잡히려면 몸주신령님이 좌정을 하셔야 합니다. 만일 허주잡령들이 자리했으면 말문이 열렸어도 공수가 아니라 허튼소리만 나오게 됩니다.

다음으로 직성서기는 몸으로 느껴지는 느낌입니다. 하품이 난다든지

어깨가 무거워진다든지 속에 답답해진다든지 이러한 몸의 느낌이 직성서기입니다. 대개 조상님들께서 주시는 경우가 많은데 이유는 피와 살이 조상님들로부터 왔기에 그렇습니다.

　마지막으로 명기신기가 있습니다. 이것은 머릿속에 생각이 드는 것입니다. 대개 직성서기가 몸으로 온 후에 이것이 어느 조상님께서 하시는 말씀이라는 것이 번뜩 드는 것이 명기신기인 것입니다. 때로는 명기신기가 눈에 보이는 것처럼 머릿속에 영상으로 나타날 때가 있는데 이것이 화경이 됩니다. 그리고 귀로 들리는 것처럼 느껴지면 이보가 됩니다. 그렇기에 화경과 이보는 명기신기가 생각이 아니라 영상이나 소리로 들리는 것을 말합니다.

연화가 하는 방법

많은 애동들이 허튼소리라도 좋으니 말문을 열어보았으면 좋겠다고 하십니다. 그래서 처음으로 말문을 여는 연습법을 올려봅니다. 이 내용은 다크아트 출판사에서 출간된 엄수용 선생님의 [구마사자의 리얼 엑소시즘] 서적에서 배웠는데 제자들에게 맞추어서 바꾸었습니다. 주위에 말문이 안 열려서 고생이신 제자분들께 알려드리자 한 달 만에 다들 말문이 열리셨던 방법입니다.

1) 북이나 고장 음원을 틀어 놓기

소리에는 힘이 있습니다. 그렇기에 우선적으로 자신이 들으면 신명이 나는 그러한 음악을 틀어 두도록 합니다. 가능하면 북이나 고장이나 대금과 같이 악기 소리만 나는 것을 듣도록 합니다. 이러한 CD들은 만물상에서도 구할 수 있고 유튜브 등에서도 찾을 수 있습니다. 최소 30분 이상 들을 수 있는 길이여야 합니다.

2) 모음으로 소리를 내기

음악을 틀어 놓고서 "아에이오우"를 말합니다. 박자에 맞춰서 소리를 내도 되고 박자를 무시하고 빠르게 소리를 내어도 됩니다. 계속 쉬지 말고 30분 정도를 이것을 소리 내어 말합니다.

3) 이상한 느낌이 들면 그대로 유지하기

이렇게 하다 보면 혀가 꼬이고 발음이 마구 섞이게 됩니다. 그러다가 무언가 혀가 묵직하고 갑자기 누가 내 혀를 붙드는 것 같은 그러한 느낌이 듭니다. 그러면 이제 말문이 열리려는 것이니 계속 소리를 내야 합니다. 발음을 고치려고 하지 말고 이상한 소리를 계속해서 내도록 합니다. 그러면 "우롸리와르리라르르~" 이런 식의 이상한 소리를 내게 됩니다. 그러면 밖으로는 그런 소리를 내면서 마음속으로는 몸주신령님의 명패를 부릅니다. 이렇게 하면 어느샌가 신령님이 앞으로 나서시면서 내 입을 통해서 말씀을 하시게 됩니다.

이 과정을 한 달 정도 매일 30분 정도씩 하면 말문이 열리게 됩니다.

명기와 서기는 우선 서기를 개발합니다. 서기는 몸의 감각이므로 기감을 개발하도록 합니다. 앞에 진혼귀신 항목에서 소개한 방법으로 손바닥 사이의 기를 느낄 수 있다면 그 방법을 사용하도록 합니다.

그런 후에 앞에 앉은 사람의 기를 느껴 봅니다. 그렇게 해서 다음의 도표로 대략적인 짐작을 하도록 합니다.

머리	가치관
오른쪽 어깨 (잘 쓰는 어깨)	동성의 인간 관계, 교우 관계 공적/일적 인간 관계
왼쪽 어깨 (잘 안 쓰는 어깨)	이성의 인간 관계, 애증 관계 사적 인간 관계
심장(가슴)	심성, 품성, 성격
손	그 사람의 소질, 재주, 재능, 능력
발	실천, 실행

대략적으로 직성서기의 구분을 한 후에 신령님의 공수를 기다리면 머릿속에 이거라고 떠오르는 것이 있는데 중요한 부분은 그렇게 떠오를 때 바로 그것을 말로 전해야지 이것저것 생각을 하면 명기신기가 흐려져 버립니다.

9. 천신 기도

천신 기도는 이제 첫 번째로 신령님과 만나는 시간이 될 것입니다. 대개 기도 가망이 오면 신 선생님이 계실 경우에는 선생님께서 알아서 합의 합수를 받아 주실 것입니다만, 만일 혼자서 한다면 조금 노력이 필요합니다. 또한 천신 기도는 허공 기도이므로 만일 마당이나 옥상에서 할 수 없다면 집안에서 창문을 열고 행하도록 합니다. 일단 다음과 같은 방법으로 천신 기도를 합니다.

우선 앞서 배운 법계진언, 호신진언, 광명진언을 하도록 합니다. 그리고서 진혼귀신을 한 후 부정을 풀어냅니다. 그런 후에 천신경이나 천신축원을 하는데 번갈아 가면서 해보면서 무언가 느낌이 더 많이 오는 것을 정해서 꾸준히 기도를 올리도록 합니다.

천신경 기도

자시에 대옥수(동이옥수)를 자리하고 그 앞에 깨끗한 상을 놓고 초 7개와 향을 켜고 작은 옥수 7개를 놓습니다. 그런 후에 동서남북 하늘을 향해 합장하고 서서 반 배씩 합니다. 그리고 하늘이나 동쪽을 향해 9번을 큰절을 하고서 천신경을 합장을 하고 읽습니다. 합장을 한 손이 떨리면 천신 가망이 온 것입니다.

[천신경]

천상옥황천존대왕 일월성신 제석천왕 삼불제석

사천대왕 일광제석 월광제석

대천왕 소천왕 동두칠성 서두칠성 남두칠성 북두칠성 삼태육성

천궁불사 일월불사 일월용왕 일월호구 선관도사 약명도사

팔선녀 선녀대신 일월선녀 선녀동자 일월동자

천신대감 천복대감 천왕대신 천복대신 천하대신 지하대신

호구별상 별상장군 천하장군 지하장군 소거백마장군 최일장군

우레주뢰 벼락장군 팔만사천 제대신장 이십팔만신장십이신장

삼태육성 제대신장 이십팔수 제후신장 천지조화

풍우신장 악귀잡귀 검무신장

사신구능 작두신장 육정육갑 둔갑신장 황건역사 야차신장 오방신장

일월용궁신장 일월서낭 사천서낭

일심화해 동심 받으시고 천신줄을 타고 내리시는 제종대신 제종신장

제종장군 제종도사님들도화해동심 받으시고

속차강림 내림하여 애동제자 몸에 하강하여 명기도 내려주고

서기도 내려주어 영험신통 내리시와 이름나고 재명나게 도우소사

(7번)

옴 존재 급급 여율령 사바하

(1번)

천신축원 기도

자시에 깨끗한 상위에 창호지나 한지를 깔고 쌀 한 말을 부은 후에 초 일곱 자루를 빙 둘러서 켠 후 향을 켜고 옥수 한 그릇을 쌀 한복판에 올리고 하늘을 향해 합장하고서 반 배를 9번 하고 나서 큰절을 한번 합니다. 그리고 나서 합장을 하고 축원문을 읽습니다. 합장을 한 손이 떨리면 가망이 온 것입니다.

[축원문]

원아금차 지극정성 사바세계 해동동향 대한민국 OO도 OO시 OO구 OO동 OO번지 거주 애동제자 OO생 OOO입니다.

금일 열의 천존 만신령님전에 엎디어 비옵니다.

천상 옥황상제님과 일월성신 만신령님들은 제자의 기도 발원에 감응하시어 속차강림 하시어 흐린 정신 둘러내고 맑은 정신 불어 넣어 앉아 천 리 서서 만 리를 굽어볼 수 있는 일등 제자 되게 도와주시고 명기줄도 내려주고 서기줄도 내려 주시어서 글문통신 말문통신에 온갖 조화통신을 골고루 내려 주시어 이름나게 도우시고 재명나게 도우소서.

위의 두 가지 중 한 가지를 해서 합장한 손이 떨리면 마음속으로 질문을 합니다. "어떤 신령님이신지요?" 만일 즉시로 답이 오지 않는다면 허주이므로 신칼이나 오방기로 내치도록 합니다. 이유는 천신님이 답을 망설이시는 예는 없습니다. 그러므로 즉답이 없는 경우는 몸주가 아닌 허주인 것입니다.

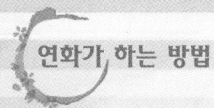
연화가 하는 방법

　제자가 천신 기도를 하다가 가망이 오면 인연을 맺은 선생에게도 가망이 옵니다. 그러면 이 직성서기를 바탕으로 누구신지 질문을 하고 제자가 감당할 수 있는 분이시면 몸주로 모실 수 있도록 이어주고 그렇지 못하면 감사하오나 아직은 때가 이르지 못한 것 같다고 아뢰고 올려보내 드립니다. 만일 인연이 잘 되었으면 제자를 불러서 천신님의 성향과 해서는 안 되는 금기를 알려주고서 100일 명패 기도를 하도록 합니다. 명패를 입으로 외우다가 말문 공수가 디지는 것을 여러 차례 하게 되면 이제 다음 단계로 나아갈 때가 된 것으로 봅니다.

　가장 중요한 것은 절대로 신령님은 머뭇거리지 않습니다. 그렇기에 공수는 그대로 밖으로 내보내는 것이 가장 중요합니다. 이것을 "총 나간다, 활 나간다."라고 표현을 합니다. 또한 "신령님을 믿지 사람을 믿지 말아라."라고도 전해 옵니다. 여기서 사람이란 제자 자신의 생각도 생각이지만 실제로 자신의 일이라고 해도 사람들은 잘 모르는 경우가 많습니다. 아무리 앞의 사람이 공수 내용을 모르겠다고 하거나 공수 내용을 아니라고 해도 계속 신령님의 공수를 총처럼 활처럼 쏘아내는 것이 공수의 진짜 모습입니다.

공수는 바른 신령님을 모시고 말문을 통해서 제자가 아무런 거리낌 없이 신령님을 믿는 마음으로 세상을 향해서 내놓는 것입니다. 진짜 제자의 길은 이것을 할 수 있는가 없는가에서 판가름이 나는 것입니다.

무녀 연화의 하루 – 유럽편

-무녀 연화의 하루 유럽편 끝-

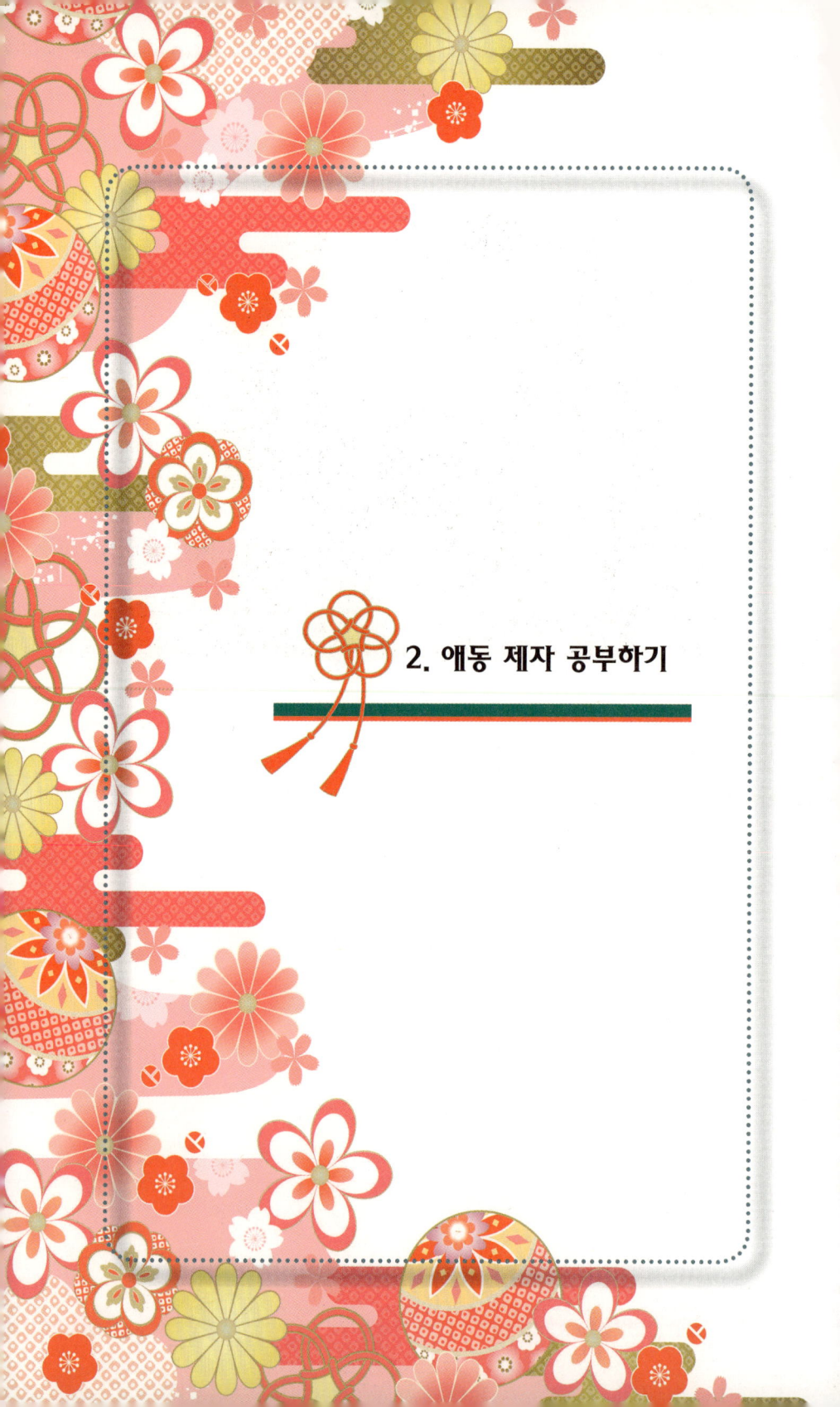

2. 애동 제자 공부하기

1. 42수 진언

천신 기도를 통해서 몸주신령님을 좌정하고 명기와 서기와 공수가 열리게 되면 아직 집신굿(내림굿)을 하지 않았다 해도 손님들이 찾아오게 됩니다. 성무과정은 다섯 단계로 이루어져 있습니다. 허주굿(허튼굿), 가릿굿(가림굿), 집신굿(내림굿), 솟을굿(신사굿), 진적굿(진작굿)이 그것입니다.

이 서적의 신명 테스트에서 진혼귀신까지가 허줏굿에 속합니다. 천신기도부터 가릿굿에 속하는 것이지요. 그러므로 이번 단원에서는 가릿굿까지 마치게 될 것입니다. 과거에는 허주굿과 가릿숙 외에는 없었다고도 전해옵니다. 집신굿은 천신굿 또는 재숫굿과 같은 것으로 집신굿에서 가리를 한 신들이 내려서 한 사람의 제자가 탄생했음을 인가해 주어야 하는데, 그것이 잘 이루어지지 않으면 재숫굿으로 돌려서 마무리를 하게 됩니다.

현대 신내림의 문제가 많은 것은 집신굿을 할 때 허주굿과 가릿굿을 함께 하는 것입니다. 허주굿에서 집신굿까지 최소 1년이 걸리며 이를 마치면 애동제자가 됩니다. 그리고 애동제자로 3년 정도 지난 후에 솟을굿 또는 신사굿을 하는데 이때가 신선생님으로부터 독립해서 자신만의 신명의 길을 따른다는 의례가 됩니다. 허수굿에서 집신굿까지 1년을 하고 애동제자가 된 후에 3년을 지나서 솟을굿을 해서 독립을 하게 되는 것이지요. 보통 최소 이때부터 신제자를 둘 수 있기는 합니다만, 아직 여러모로 더 공부를 해야 할 시기입니다.

애동제자에서 벗어나면 보통 기자라고 이야기를 합니다. 기자는 기도를 드리는 사람이라는 의미가 되지요. 기자로서 최소 9년 이상을 지난 후에 진적굿을 하게 됩니다. 이는 그동안 모신 신령님들께 감사를 드리고 자신의 길을 되돌아보는 때가 됩니다. 진적굿까지 마치면 보통 만신이라고 불리웁니다. 적어도 13년이니 띠가 한 바퀴 돌아오는 시간이지요.

하지만 천리길도 한걸음부터이니 이제 허주굿을 마치고 가릿굿의 첫 단계인 몸주신령님을 모시고서 세사에 도움이 되는 방법을 찾도록 하겠

습니다. 아직은 가리가 완전히 끝난 것이 아니기에 이 시기에는 부처님께 많이 의지를 하도록 합니다. 이유는 부처님께서는 대자대비하셔서 제자의 실수도 너그럽게 돌보아 주시고 지켜주시기에 그렇습니다. 그래서 우선적으로 42수 진언을 소개합니다.

　우선 법계진언, 호신진언, 광명진언을 외운 후에 진혼귀신을 하고 나서 합장을 합니다. 필요한 진언을 외우면서 그림에 나오는 손을 하늘을 가득 채울 거대한 손이라고 여기도록 합니다. 그리고 그 손에 모든 것을 맡기는 것입니다. 모두 다 마친 후에는 감사 기도를 드립니다.

〈 42수 〉

[1] 관세음보살 여의주수 진언
재물을 얻는 진언

옴 바즈라 바타라 훔 파트
옴 바아라 바다라 훔 바탁

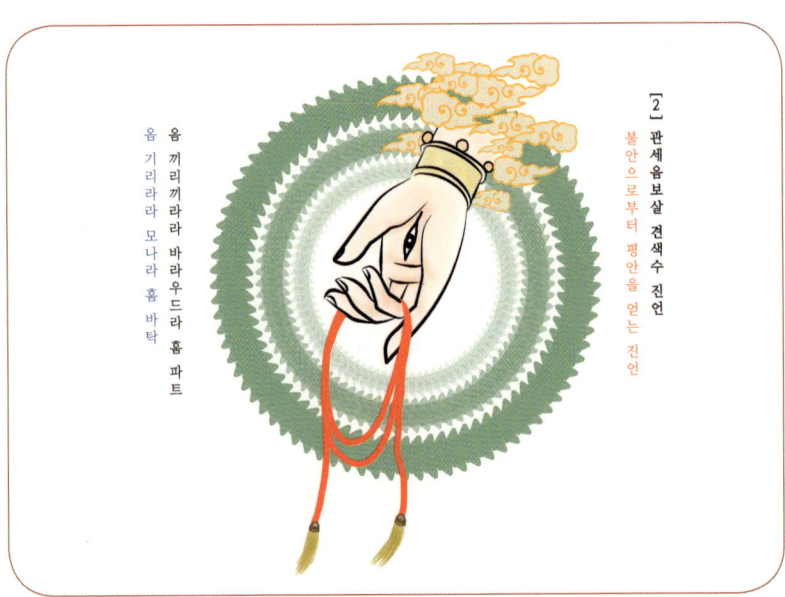

[2] 관세음보살 견색수 진언
불안으로부터 평안을 얻는 진언

옴 끼리끼리라 바라우드라 훔 파트
옴 기리라라 모나라 훔 바탁

[3] 관세음보살 보발수 진언
질병을 없애는 진언

옴 끼리끼리 바즈라 훔 파트
옴 기리기리 바아라 훔 바탁

[4] 관세음보살 보검수 진언
모든 도깨비와 귀신을 물리치는 진언

옴 떼제떼자 시비니 시떼 사다야 훔 파트
옴 제세제야 도미니 도제 사다야 훔 바탁

[5] 관세음보살 발절라수 진언
모든 천마외도를 물리치는 진언

옴 디프야 디파야 마하 스르예 스바하
옴 이베 이베 이파야 마하 시리예 사바하

[6] 관세음보살 금강저수 진언
모든 적을 물리치는 진언

옴 바즈라 그니프라 디프타야 스바하
옴 바아라 아니바라 닙다야 사바하

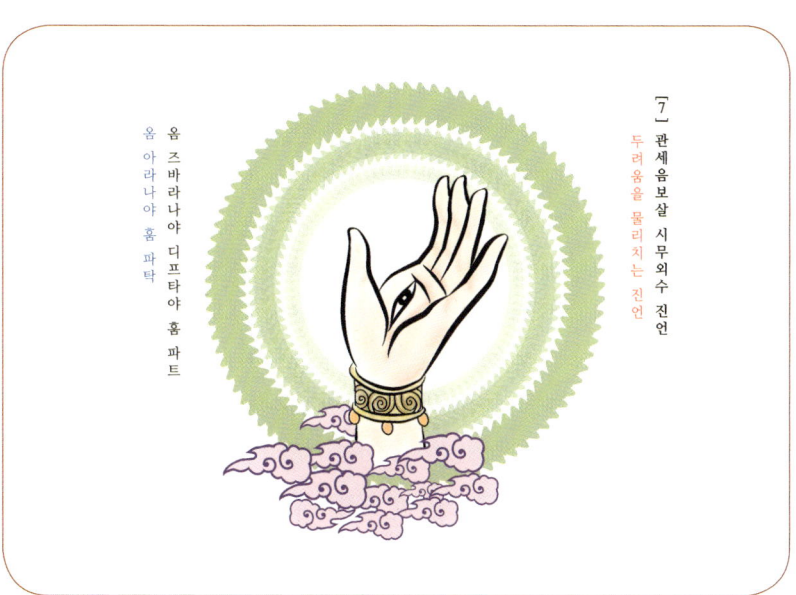

[7] 관세음보살 시무외수 진언
두려움을 물리치는 진언

옴 즈바라나야 디프타야 훔 파트
옴 아라나야 훔 파탁

[8] 관세음보살 일정마니수 진언
광명을 얻는 진언

옴 두피두피카야 두피프라즈바리 스바하
옴 도비가야 도비바라 바리니 사바하

[9] 관세음보살 월정마니수 진언
열병에서 벗어나는 진언

옴 수시띠 까리 스바하
옴 소싯지 아리 사바하

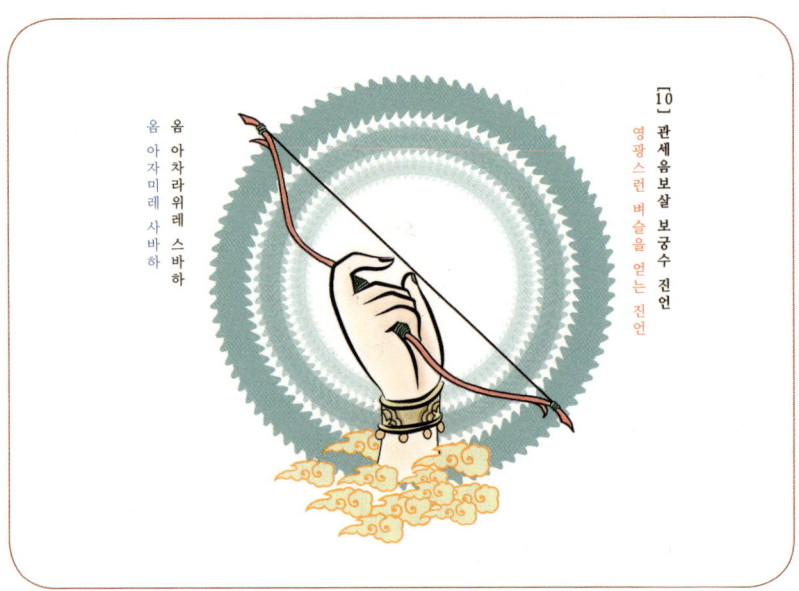

[10] 관세음보살 보궁수 진언
영광스런 벼슬을 얻는 진언

옴 아차라위레 스바하
옴 아자미래 사바하

114 | 날라리 무당 연화의 좌충우돌 애동 가이드

[11] 관세음보살 보전수 진언
좋은 벗을 만나는 진언

옴 카마라 스바하

옴 가마라 사바하

[12] 관세음보살 양류지수 진언
온갖 질병을 제거하는 진언

옴 수시띠 카리즈바라타남타 무리따예 즈바라 즈바라 반다 반다 하나 하나 훔 파트

옴 소싯지 가리바리 다남타 목다에 바아라 바아라 반다 반다 하나 하나 훔 바탁

[13] 관세음보살 백불수 진언

악한 장애를 소멸하는 진언

옴 파드마네 바가바티 모하야 모하야 자가
마 후마니 스바하
옴 바나미니 바아바제 모하야 모하야 아
모하니 사바하

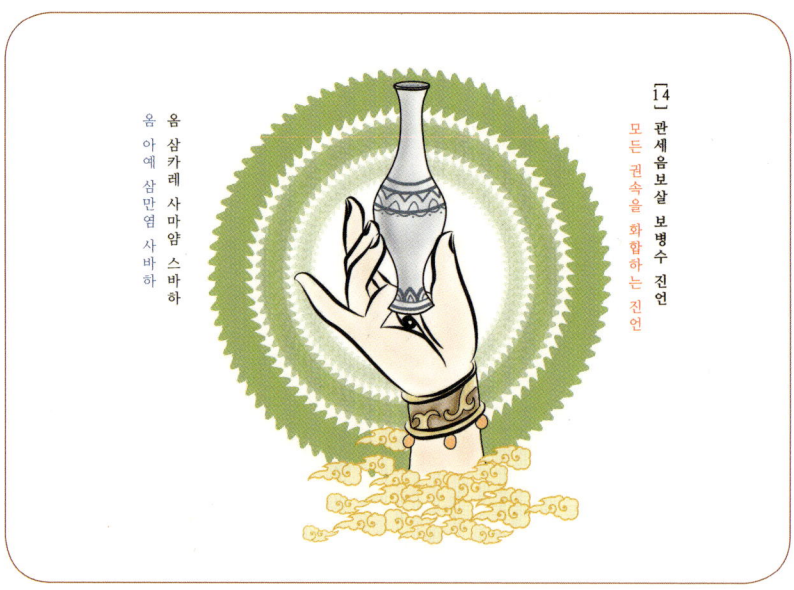

[14] 관세음보살 보병수 진언

모든 권속을 화합하는 진언

옴 삼카레 사마얌 스바하
옴 아예 삼만염 사바하

[15] 관세음보살 방패수 진언
무서운 짐승들을 물리치는 진언

옴 약사 나다야 카트라 다누 프리야 파사 파사 스바하
옴 약삼 나다야 사칸라 다두 바스야 바스야 사바하

[16] 관세음보살 월부수 진언
관재로부터 벗어나는 진언

옴 비라 비라야 스바하
옴 미라야 미라야 사바하

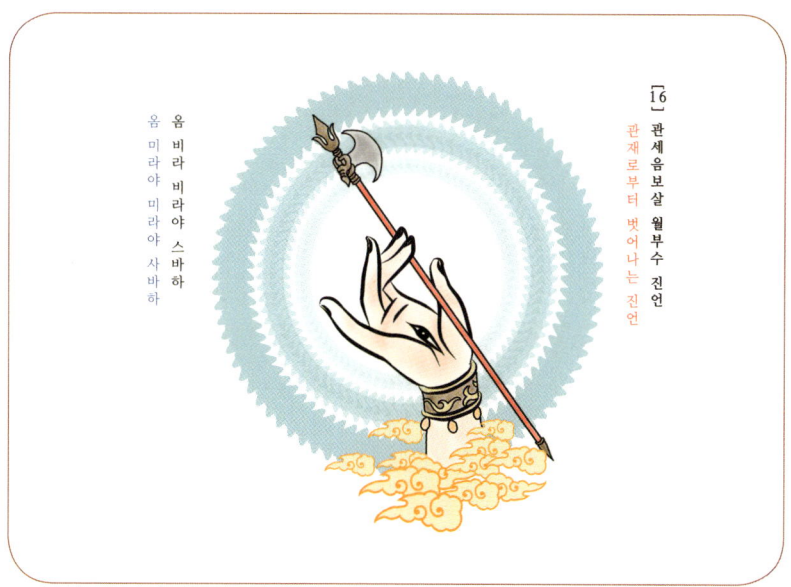

[17] 관세음보살 옥환수 진언
지식이나 총복을 얻는 진언

옴 파드마 비라야 스바하
옴 바나맘 미라야 사바하

[18] 관세음보살 백련화수 진언
공덕을 성취하는 진언

옴 바즈라 비라야 스바하
옴 바아라 미라야 사바하

[19] 관세음보살 청련화수 진언
시방정토에 태어나게 하는 진언

옴 카리카리 바즈라 바즈리 부라바누 훔 파트
옴 기리기리 바아라 불반다 훔 바탁

[20] 관세음보살 보경수 진언
큰 지혜를 얻는 진언

옴 비스푸라드 락사 바즈라 팜자라 훔 파트
옴 미보라 악사 바아라 만다라 훔 바탁

[21] 관세음보살 자련화수 진언
시방세계의 부처님을 뵙는 진언

옴 사라사라 바즈라 프라카라 훔 파트
옴 사라사라 바아라 가라 훔 바탁

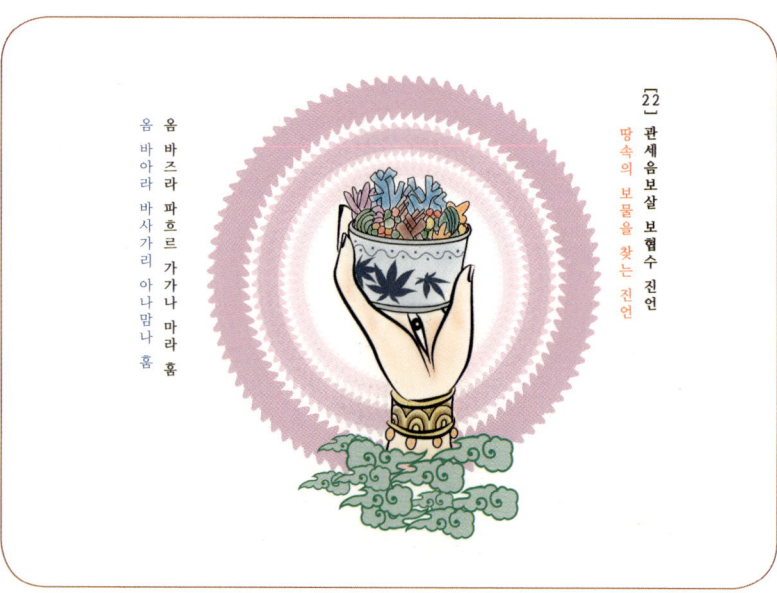

[22] 관세음보살 보협수 진언
땅속의 보물을 찾는 진언

옴 바즈라 파흐르 가가나 마라 훔
옴 바아라 바사가리 아나맘나 훔

[23] 관세음보살 오색운수 진언
신선의 도를 구하는 진언

옴 바즈라 카리라트 마트
옴 바아라 가리라타 맘타

[24] 관세음보살 군지수 진언
범천에 태어나는 진언

옴 바즈라 시카라투 마트
옴 바아라 사가로타 맘타

[25] 관세음보살 홍련화수 진언
제천궁에 태어나는 진언

옴 삼카레 사마얌 스바하
옴 상아레 사바하

[26] 관세음보살 보극수 진언
적을 물리치는 진언

옴 아사맘 기니흐르 홈 파트
옴 삼매야 기니하리 훔 바탁

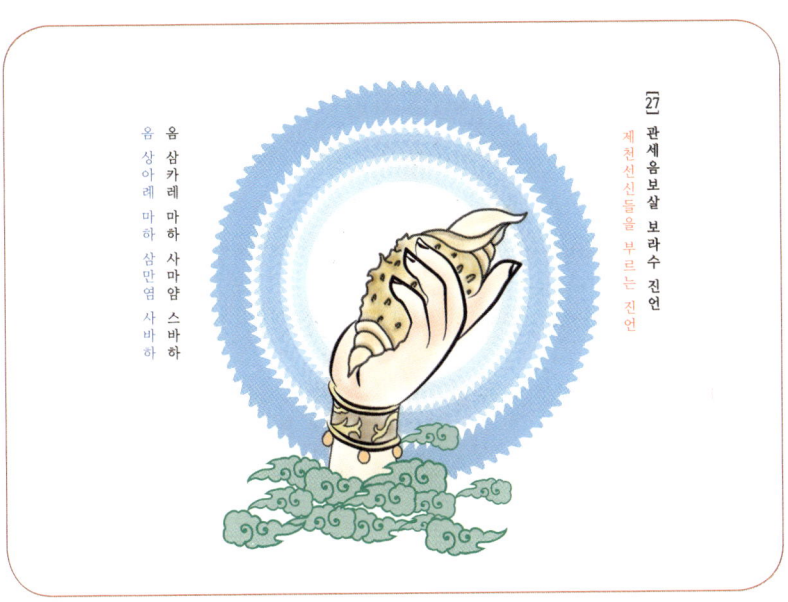

[27] 관세음보살 보라수 진언
제천선신들을 부르는 진언

옴 삼카레 마하 사마얌 스바하
옴 상아레 마하 삼만염 사바하

[28] 관세음보살 촉루장수 진언
귀신을 부리는 진언

옴 두나 바즈라 하
옴 도나 바아라 학

[29] 관세음보살 수주수 진언
모든 부처님들과 연결하는 진언

나모 라트나트라야야 옴 아드부테 비자예
시띠 시다르테 스바하
나모라 다나 다라야야 옴 아나바제 미아예
싯디 싯달제 사바하

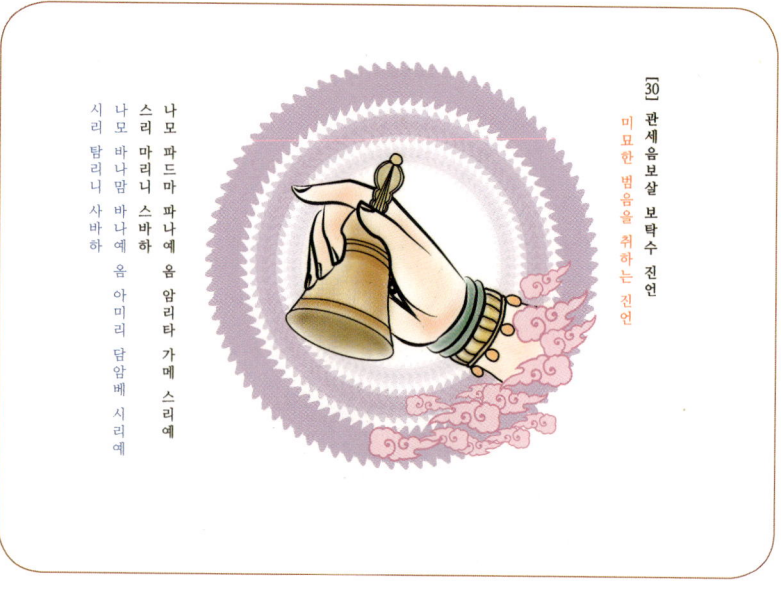

[30] 관세음보살 보탁수 진언
미묘한 범음을 취하는 진언

나모 파드마 파나예 옴 암리타 가메 스리예
스리 마리니 스바하
나모 바나맘 바나예 옴 아미리 담암베 시리예
시리 탐리니 사바하

날라리 무당 연화의 좌충우돌 애동 가이드

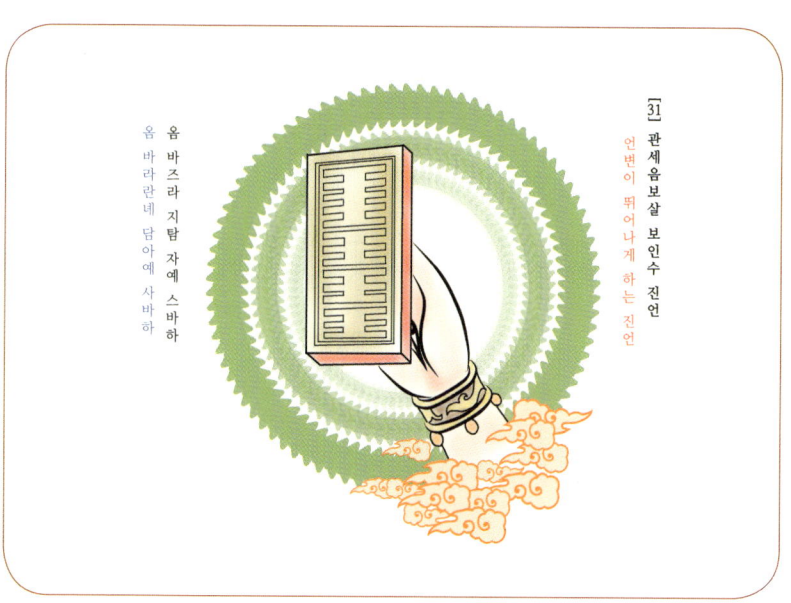

[31] 관세음보살 보인수 진언
언변이 뛰어나게 하는 진언

옴 바즈라 지탐 자예 스바하
옴 바라란네 담아예 사바하

[32] 관세음보살 구시철구수 진언
신과 용왕의 옹호를 구하는 진언

옴 아가르타라 그라 비사예 나마 흐 스바하
옴 아가로 다라가라 미사예 나모 사바하

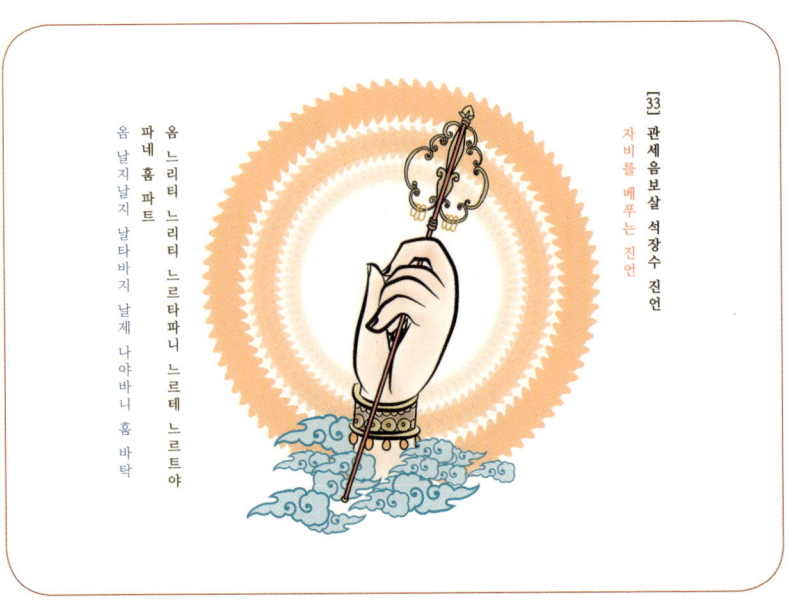

[33] 관세음보살 석장수 진언
자비를 베푸는 진언

옴 느리티 느리티 느르타파니 느르테 느르트야
파네 훔 파트
옴 날지 날지 날타바지 날제 나야바니 훔 바탁

[34] 관세음보살 합장수 진언
모든 중생들이 서로 공경하게 하는 진언

옴 파드맘 자림 흐리흐
옴 바나맘 아링 하리

[35] 관세음보살 화불수 진언
부처님과 함께 하는 진언

옴 찬드라 바만투리 그르니 그르니 훔 파트
옴 전나라 바맘타이 가리나기리 나기리 훔 바탁

[36] 관세음보살 화궁전수 진언
환생하지 않고 정토에 머무는 진언

옴 비사라 비사라 훔 파트
옴 미사라 미사라 훔 바탁

[37] 관세음보살 보경수 진언
만법을 배우는 진언

옴 아하라 사르바 비드야 푸지테 스바하
옴 아하라 살바미냐 다라 바니메 사바하

[38] 관세음보살 불퇴금륜수 진언
깨달음을 얻는 진언

옴 체데미니 스바하
옴 서나미자 사바하

[39] 관세음보살 정상화불수 진언
부처님의 마정수기를 구하는 진언

옴 바즈리니 바즈람게 스하트
옴 바아라니 바아람예 사바하

[40] 관세음보살 포도수 진언
오곡백과의 번성을 위한 진언

옴 아마라 캄티테지니 스바하
옴 아마라 감제이니 사바하

[41] 관세음보살 감로수 진언
갈증을 해소하는 진언

옴 수루수루 프라수루 프라스루 수루수루야
스바하
옴 소로소로 바라소로 바라소로 소로소로야
사바하

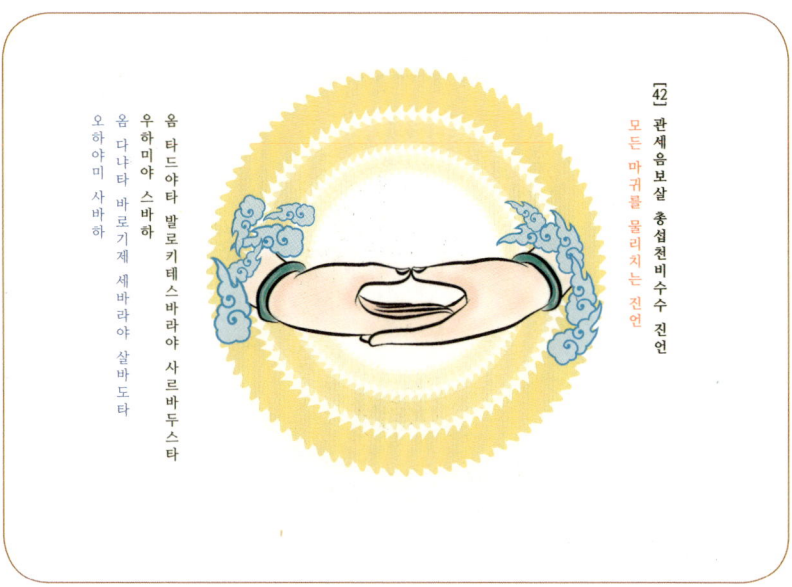

[42] 관세음보살 총섭천비수수 진언
모든 마귀를 물리치는 진언

옴 타드야타 발로키테스바라야 사르바두스타
우하미야스바하
옴 다냐타 바로기제 세바라야 살바도타
오하야미 사바하

연화가 하는 방법

각각의 손보다는 자비수라고 해서 부처님과 보살님들의 자비로운 손이라는 의미로도 말해집니다. 저의 마음속에서 상상으로 거대한 자비로운 손이 내려와서 여러 가지를 해주시는 것을 상상하는 것으로 충분했어요.

2. 안택

이제부터 본격적인 가리를 하게 됩니다. 하지만 일단 기도를 올리는 곳을 정화하고 안정화해야 신들이 오시기에 편안해지십니다. 그래서 우선적으로 안택을 먼저 하게 됩니다. 가능하면 이때부터는 기도를 올릴 곳이나 전안을 모실 곳을 정해두는 것이 좋습니다. 금전적으로 어려우실 경우 생활하는 곳의 한곳에 모셔둘 수 있지만 가능하면 따로 방을 잡아 두시는 것을 권장합니다.

안택은 주로 조왕신, 터주신, 성주신께 기도를 드리는 것입니다. 아직 기도를 하기가 어렵다면 다음의 경문들을 중심으로 하게 됩니다.

> 부정경 – 태을보신경 – 육신주 – 정심경 – 신명축원경 – 역대축원문 – 조왕경 – 지신경 – 당산경 – 동토경 – 오작경 – 북두칠성연명경 – 명당경 – 성주경 – 성주풀이경 – 열두달액풀이 – 삼신경 – 제석경 – 조상경 – 대감축사경 – 신장축사경 – 부부해로경 – 가택축원문 – 가택고사경 – 해살경 – 안심경 – 내전(뒷전)

하지만 가장 무난한 것은 부처님의 가피로 시작을 하는 것입니다. 우선 가까운 사찰에 가서 향을 피우고 기도를 드린 후에 향을 태우고 남은 재를 가지고 옵니다. 그런 후 이 향재를 집 안에 있는 흙과 섞습니다. 마당이 없다면 집안에 보름 이상 키운 화분의 흙도 괜찮습니다. 양이 많을 필요는 없고 향을 3개 정도 태운 향재보다 많은 양이면 됩니다.

그리고서 동쪽에 향재와 흙을 섞은 것을 한지 위에 올려놓고, 그 앞에서 법계진언, 호신진언, 광명진언을 하고 진혼귀신으로 준비를 합니다. 그리고서 앞에서 나온 42수 진언들 중에서 다음의 진언들을 다음의 순서로 7회씩 외웁니다.

[3수 보검수]

[3] 관세음보살 보발수 진언
질병을 없애는 진언

옴 끼리끼리 바즈라 훔 파트
옴 기리기리 바아라 훔 바탁

[5수 바라아수]

[5] 관세음보살 발절라수 진언
모든 천마외도를 물리치는 진언

옴 디프야 디프야 디파야 마하 스르예 스바하
옴 이베이베 이파야 마하 시리예 사바하

[13수 백불수]

[13] 관세음보살 백불수 진언
악한 장애를 소멸하는 진언

옴 파드마네 바가바티 모하야 모하야 자가
마 후마니 스바하
옴 바나미니 바아바제 모하야 모하야 아
모하니 사바하

[42수 총섭천비수]

[42] 관세음보살 총섭천비수 진언
모든 마귀를 물리치는 진언

옴 타드야타 발로키테스바라야 사르바두스타
우하미야 스바하
옴 다나타 바로기제 새바라야 살바도타
오하야미 사바하

[27수 보리수]

[27] 관세음보살 보라수 진언
제천선신들을 부르는 진언

옴 삼 카레 마하 사마얌 스바하
옴 상아례 마하 삼만염 사바하

[32수 구시철구수]

[32] 관세음보살 구시철구수 진언
신과 용왕의 옹호를 구하는 진언

옴 아가르타라 그라 비사예 나마흐 스바하
옴 아가로 다라가라 미사예 나모 사바하

[39수 정상화불수]

[39] 관세음보살 정상화불수 진언
부처님의 마정수기를 구하는 진언

옴 바즈리니 바즈람게 스하트
옴 바아라니 바아람에 사바하

[7수 시무외수]

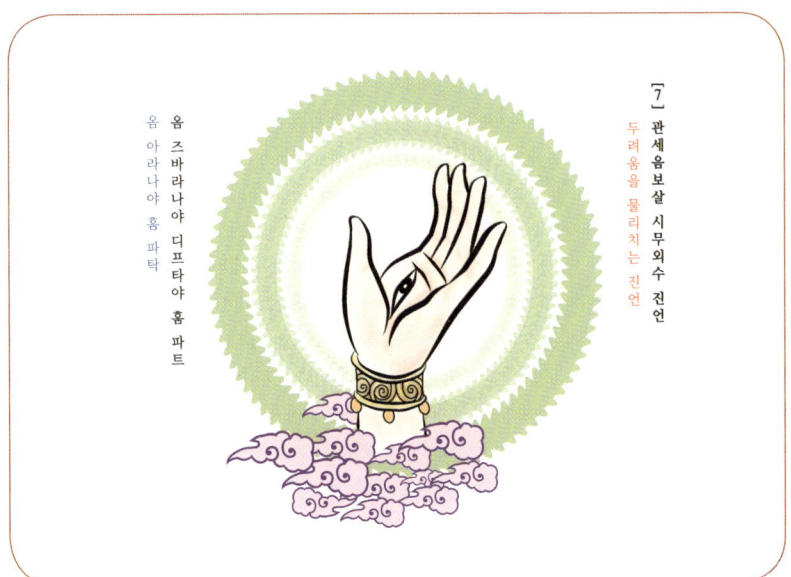

[7] 관세음보살 시무외수 진언
두려움을 물리치는 진언

옴 즈바라나야 디프타야 훔 파트
옴 아라나야 훔 파탁

[2수 견색수]

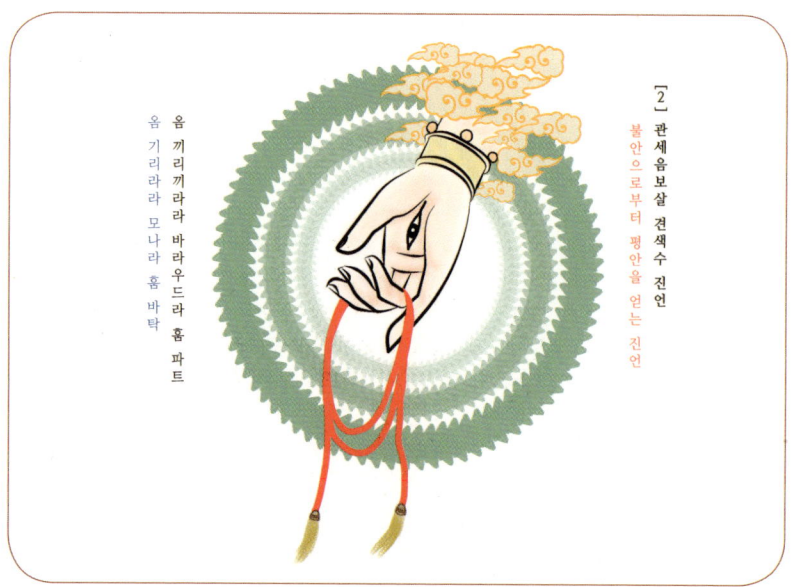

[2] 관세음보살 견색수 진언
불안으로부터 평안을 얻는 진언

옴 끼리끼라라 바라우드라 훔 파트
옴 기리라라 모나라 훔 바탁

[1수 여의주수]

[1] 관세음보살 여의주수 진언
재물을 얻는 진언

옴 바즈라 바타라 훔 파트
옴 바아라 바다라 훔 바탁

그리고 마친 후에 쌀이나 밥이나 떡 위에 위의 향재와 흙을 섞은 것을 뿌린 후 그것을 들고 천천히 밖으로 나갑니다. 그리고서 집밖에 버리도록 합니다. 버린 후 집안에 들어오기 전에 법계진언과 호신진언과 광명진언을 하고 들어오도록 합니다.

연화가 하는 방법

합장을 하고 잠시 마음을 가라앉히고 자애명상을 합니다. 그리고 자비수를 떠올리면서 손과 자비수가 함께 땅에 손을 대고는 자비의 빛이 땅에 이르도록 합니다.

3. 6법 공양

이제 안택도 마무리를 했고 몸주신을 모시고 기도를 해야 하는데 공양을 어떻게 해야 할지 잘 모르는 경우가 있습니다. 사실 몸주신의 경우 정성을 더 중요하게 보십니다만 인간의 마음에 그래도 정성을 보일 수 있기를 바라게 되지요. 그래서 기본적으로 불교의 육법공양을 중심으로 생각하시면 어렵지 않게 공양을 드릴 수 있습니다.

1) 등, 초
2) 향
3) 꽃
4) 밥, 떡, 쌀
5) 옥수, 술, 국
6) 과일

아직 전안도 제대로 모시지 못했으니 간략하게 위의 6가지 카테고리에서 선별해서 상을 차리도록 합니다.

연화가 하는 방법

저는 파티 플래너이기도 해서 저 6법 공양을 파티를 준비하는 것으로 생각해서 합니다. 우선 등이나 초는 조명이고, 향은 분위기를 살리는 음악이나 향기나 이러한 것이고, 꽃은 데코레이션으로 여깁니다. 그리고 음식과 음료와 디저트를 생각해서 구성을 합니다. 물론 하나하나 신령님께 여쭈어보면서 "이것을 올리려는데 괜찮으세요?" 하고 여쭈어보면서 이를 행합니다.

4. 천수 기도

천수경 또는 천수기도는 불교에서도 무속에서도 함께 사용하는 경문 기도입니다. 다른 경문기도를 모르시더라도 이것은 익숙하게 하실 수 있으셔야 합니다. 순서는 광명진언 - 천수경 - 반야심경으로 마무리를 하게 됩니다. 앞서서 법계진언, 호신진언, 광명진언을 하고 진혼귀신을 행한 후에 다시 광명진언부터 시작을 합니다. 만일 소원사를 올릴 경우에는 천수경을 마치고 반야심경을 시작하기 전에 42수 진언들 중에서 필요한 진언을 외우도록 합니다.

천수경은 천수관음 보살님과 준제관음 보살님의 경문인데, 천수관음 보살님은 지옥계의 중생을 구제하시고 준제관음 보살님은 인간계의 중생을 구제하십니다. 그렇기에 조상님들 중에서 지옥에서 고통스러우신 분들이 계시면 천수관음 보살님을 통해 구제가 되고, 제자나 제자의 신도들 중에서 살아서 어려운 이들이 있으면 또한 준제관음 보살님을 통해 구제가 됩니다. 또한 마지막에 반야심경은 성관음 보살님께 비는 것으로 성관음 보살님께서 아귀계의 중생들을 구제하시니 이것이 뒷전에 해당하게 됩니다.

먼저 법계진언과 호신진언과 광명진언을 외운 후에 진혼귀신을 하고 나서 미리 준비해 둔 앞의 6법 공양상을 올리고서 시작합니다.

[광명진언]

옴 아모가 바이로차나 마하무드라 마니파드마 즈바라 프라바를타야 훔 (7회)

[천수경]

(천천히 장엄하게)

아금일신중~ 즉현무진신~
변재산신전~ 일일무수~례~
옴 바아라 믹
옴 바아라 믹
옴 바아라 믹

[정구업진언]

수리수리 마하수리 수수리 사바하
수리수리 마하수리 수수리 사바하
수리수리 마하수리 수수리 사바하

오방내외안위제신진언

나무 사만다 못다남
옴 도로도로 지미 사바하

나무 사만다 못다남
옴 도로도로 지미 사바하

나무 사만다 못다남
옴 도로도로 지미 사바하

[개경게]

무상심심미묘법 백천만겁난조우 아금문견득수지 원해여래진실의

[개법장진언]

옴 아라남 아라다
옴 아라남 아라다
옴 아라남 아라다

천수 천안 관자재보살

[광대원만 무애대비심 대다라니 계청]

계수관음대비주 원력홍심상호신 천비장엄보호지 천안광명변관조
진실어주선밀어 무위심내기비심 속령만족제희구 영사멸제제죄업
천룡중성동자호 백천삼매돈훈수 수지신시광명당 수지심시신통장
세척진로원제해 초증보리방편문 아금칭송서귀의 소원종심실원만

나무 대비관세음 원아 속지일체법
나무 대비관세음 원아 조득지혜안
나무 대비관세음 원아 속도일체중
나무 대비관세음 원아 조득선방편
나무 대비관세음 원아 속승반야선
나무 대비관세음 원아 조득월고해
나무 대비관세음 원아 속득계정도
나무 대비관세음 원아 조등원적산
나무 대비관세음 원아 속회무위사
나무 대비관세음 원아 조동법성신

아약향도산 도산자최절
아약향화탕 화탕자고갈
아약향지옥 지옥자소멸
아약향아귀 아귀자포만
아약향수라 악심자조복
아약향축생 자득대지혜

나무 관세음보살 마하살
나무 대세지보살 마하살
나무 천수보살 마하살
나무 여의륜보살 마하살
나무 대륜보살 마하살
나무 관자재보살 마하살
나무 정취보살 마하살
나무 만월보살 마하살
나무 수월보살 마하살
나무 군다리보살 마하살
나무 십일면보살 마하살
나무 제대보살 마하살

나무 본사아미타불
나무 본사아미타불
나무 본사아미타불

[신묘장구대다라니]

나모라 다나다라 야야 나막알약

바로기제 새바라야

모지 사다바야 마하 사다바야

마하가로 니가야 옴 살바 바예수

다라나 가라야 다사명 나막 가리다바

이맘알약 바로기제 새바라 다바

니라간타 나막 하리나야 마발다

이사미 살발타 사다남 수반 아예염

살바 보다남 바바말아 미수다감 다냐타

옴 아로계 아로가

마지로가 지가란제 혜혜하례 마하모지

사다바 사마라 사마라

하리나야 구로구로 갈마 사다야 사다야

도로도로 미연제 마하 미연제

자라자라 마라 미미라 아마라

몰제 예혜혜 로계 새바라

라아 미사미 나사야

나베 사미사미 나사야

모하자라 미사미 나사야

호로호로 마라호로 하례 바나마 나바

사라사라 시리시리 소로소로 못쟈못쟈

모다야 모다야

매다리야 니라간타 가마사 날사남

바라하라 나야마낙 사바하
싯다야 사바하
마하 싯다야 사바하
싯다유예 새바라야 사바하
니라간타야 사바하
바라하 목카 싱하 목카야 사바하
바나마 하따야 사바하
자가라 욕다야 사바하
상카섭나녜 모다나야 사바하
마하라 구카다라야 사바하
바마 사간타니사 시쳴 가릿나 이나야 사바하
먀가라 잘마 이바 사나야 사바하

나몰 다나다라 야야 나막알약 바로기제 새바라야 사바하
나몰 다나다라 야야 나막알약 바로기제 새바라야 사바하
나몰 다나다라 야야 나막알약 바로기제 새바라야 사바하

[사방찬]

일쇄동방결도량 이쇄남방득청량
삼쇄서방구정토 사쇄북방영안강

[도량찬]

동량청정무하예 삼보천룡강차지

아금지송묘진언 원사자비밀가호

[참회게]

아석소조제악업 개유무시탐진치

종신구의지소생 일체아금개참회

[십이존불]

나무 참제업장보승장불 보광왕화염조불 일체향화자재력왕불 백억 항하사결정불 진위덕불 금강견강소복괴산불 보광월전묘음존왕불 환희장마니보적불 무진향승왕불 사자월불 환희장엄주왕불 제보당 마니승광불

[십악참회]

살생중죄금일참회 투도중괴금일참회

사음중죄금일참회 망어중죄금일참회

기어중죄금일참회 양설중죄금일참회

악구중죄금일참회 탐애중죄금일참회

진에중죄금일참회 치암중죄금일참회

백겁적집죄 일념돈탕제
여화분고초 멸진무유여

좌무자성종심기 심약멸시죄역망
죄망심멸양구공 시즉명위진참회

[참회진언]

옴 살바 못자모지 사다야 사바하
옴 살바 못자모지 사다야 사바하
옴 살바 못자모지 사다야 사바하

준제공덕취 적정심상송 일체제대난 무능침시인 천상급인간 수복여
불등 우차여의주 정획무등등

나무 칠구지불모 대준제보살
옴 살바 못자모지 사다야 사바하
옴 살바 못자모지 사다야 사바하

[정법계진언]

옴 남
옴 남
옴 남

[호신진언]

옴 치림

옴 치림

옴 치림

[관세음보살 본심미묘 육자대명왕진언]

옴 마니 반메 훔

옴 마니 반메 훔

옴 마니 반메 훔

[준제진언]

나무사다남 삼먁 삼못다 구치남 다냐타

옴 자례주례 준제 사바하부림

옴 자례주례 준제 사바하부림

옴 자례주례 준제 사바하부림

아금지송대준제 즉발보리광대원

원아정혜속원명 원아공덕개성취

원아승복변장엄 원공중생성불도

여래십대발원문

원아영리삼악도 원아속단탐진치
원아상문불법승 원아근수계정혜
원아항수제불학 원아불퇴보리심
원아결정생안양 원아속견아미타
원아분신변진찰 원아광도제중생

[발 사홍서원]

중생무변서원도 번뇌무진서원단
법문무량서원학 불도무상서원성
자성중생서원도 자성번뇌서원단
자성법문서원학 자성불도서원성

[원이 발원이 귀명례삼보]

나무 상주시방불 나무 상주시방법 나무 사주시방승
나무 상주시방불 나무 상주시방법 나무 사주시방승
나무 상주시방불 나무 상주시방법 나무 사주시방승

(만일 소원사가 있을 경우에는 여기에 42수 진언들 중에서 선택해서 7회씩 외우도록 합니다.)

[마하반야바라밀다심경]

관자재보살 행심반야바라밀다시
조견오온개공도 일체고액사리자

색불이공 공불이색 색즉시공 공즉시색
수상행식 역부여시 사리자 시제법공상

불생불멸 불구부정 부증불감 시고공중무색 무수상행식 무안이비설
신의 무색성향미촉법 무안계 내지 무의식계 무무명 역무무명진 내
지 무노사 역무노사진 무고집멸도 무지역무득 이무소득고 보리살
타의 반야바라밀다 고심무가애 무가애고 무유공포 원리전도몽상
구경열반 삼세제불 의반야바라밀다

고득아뇩다라삼먁삼보리 고지반야바라밀다 시대신주 시대명주 시
무상주 시무등등주 능제일체고 진실불허 고설반야바라밀다주

즉석주왈

아제 아제 바라아제 바라승아제 모지 사바하
아제 아제 바라아제 바라승아제 모지 사바하
아제 아제 바라아제 바라승아제 모지 사바하

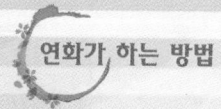

연화가 하는 방법

저는 정명스님께 안반수의명상(호흡을 통한 마음챙김)을 배우고 영국의 이타이 아이빗잔 박사님으로부터 마인드풀니스(마음챙김) 지도자 과정을 마쳤습니다. 그래서 많은 시간을 마음챙김을 하면서 보내고 있습니다. 마음챙김은 마음으로 대상을 챙기는 것으로, 이때 마음으로 챙기는 대상이 고정된 것이면 멈추는 명상이라고 하고, 마음으로 챙기는 대상이 바뀌는 것이면 관찰하는 명상이라고 합니다. 멈추는 명상으로 선정에 들어선 후에 선정의 힘으로 관찰을 하는 명상을 하는 것을 지관쌍수라고 합니다.

고요함에 이르는 것은 다음과 같은 단계가 있습니다.

1) 근접삼매 - 시간이 멈추고 니밋따라는 빛의 달이 마음에 떠오릅니다.
2) 초선정 - 고요함을 아는 마음, 고요함을 얻으려는 마음, 행복한 마음, 만족한 마음, 고요한 마음만 남게 됩니다.
3) 이선정 - 행복한 마음, 만족한 마음, 고요한 마음만 남게 됩니다.
4) 삼선정 - 만족한 마음, 고요한 마음만 남게 됩니다.
5) 사선정 - 고요한 마음만 남게 됩니다.
6) 공무변처정 - 고요한 마음속에서 고요한 공간이 사라집니다.

7) 식무변처정 - 고요한 마음속에서 고요한 의식이 사라집니다.
8) 무소유처정 - 고요한 마음속에서 고요한 밝음이 사라집니다.
9) 비상비비상처정 - 고요한 마음속에서 고요한 평화가 사라집니다.
10) 멸진정(멸수상정) - 고요함마저 사라진 고요함 속에서 해탈을 합니다.

　이렇게 나아가는데 아직 무언가 성취하려면 멀고 먼 길이라 오늘도 단지 수행을 하면서 나아가고 있습니다. 공무변처정에서 비상비비상처정에 이를 때 천안통, 천이통, 타심통, 숙명통, 여의신족통이 열리고, 마지막 멸진정에서 누진통이 열려서 번뇌로부터 벗어나게 된다고 해요. 마음챙김의 명상 방법들은 많은 곳에서 가르치기에 템플 스테이를 하면서도 배울 수 있습니다.

5. 33 관음 성지

가끔 무당이 절에 뭐하러 가냐는 선생님들이 계십니다. 사실 그 선생님을 따르는 제자분들이라면 지켜야 하는 것이겠지만 제자의 길은 자신이 혼자서 가는 길이기에 여기서는 제가 좋았던 방법들 위주로 설명을 드리고 있습니다. 앞서 천수 기도에서 이미 관세음보살님을 여러 차례 청했다면 국내에 있는 33 관음성지를 방문하며 기도를 하는 것도 좋다고 봅니다. 기도터나 굿당의 경우, 애동은 자칫 그곳의 기운에 치이는 경우가 있기에 우선 관세음보살님의 가피가 가득한 곳부터 차차 몸과 마음을 영의 세계에 익숙하게 하는 것이 좋을 것 같습니다.

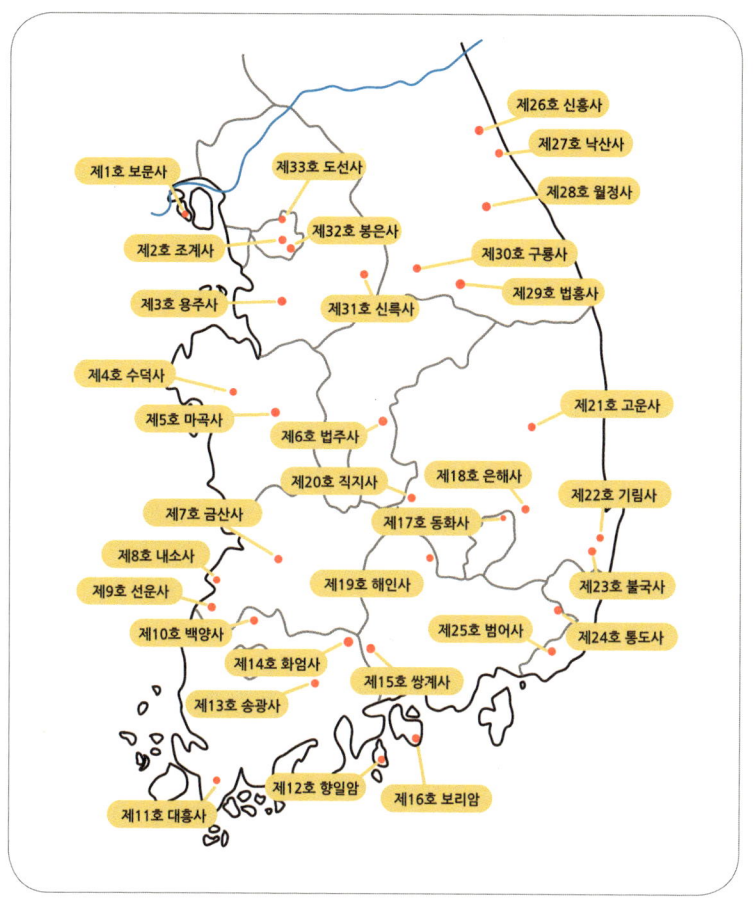

1. 보문사 2. 조계사 3. 용주사 4. 수덕사 5. 마곡사 6. 법주사 7. 금산사 8. 내소사 9. 선운사 10. 백양사 11. 대흥사 12. 향일암 13. 송광사 14. 화엄사 15. 쌍계사 16. 보리암 17. 동화사 18. 은해사 19. 해인사 20. 직지사 21. 고은사 22. 기림사 23. 불국사 24. 통도사 25. 범어사 26. 신흥사 27. 낙산사 28. 월정사 29. 법흥사 30. 구룡사 31. 신륵사 32. 봉은사 33. 도선사

일단 이렇게 방문을 할 때 불교에 익숙하지 않은 분들은 사원 예법에서 곤란할 수 있는데, 기본적인 것은 한가운데로는 가지 않는다는 것만 지키시면 됩니다. 문도 가운데 문은 스님들만 사용하는 것이고 일주문을 지날 때도 한가운데로는 지나지 않도록 합니다. 그 외에는 일반적인 예의에 어긋나지만 않으면 큰 무리는 없습니다.

연화가 하는 방법

　제자로서 신을 모시지만 부처님전에서 기도하거나 수행을 하는 것도 좋아하는데, 조금 혼란스러운 부분들도 있었습니다. 그런데 일본은 스님이 하는 일과 신관 무녀가 하는 일이 다르다고 합니다. 사찰에 가서는 돌아가신 분들의 명복을 빌고 인연 업장을 정화하는 기도를 올리고 신께는 살아 있는 사람들의 금전운이나 연애운 같은 것을 비는 기도를 하는 식으로 되어 있다고 합니다. 물론 꼭 그 분류를 따라야 하는 것은 아니지만, 저는 돌아가신 분들은 기성 종교의 신이나 부처님께 빌어드리고 살아계신 분들은 신령님께 비는 것을 기본으로 하지만 융통성 있게 진행을 합니다.

6. 본산본향

본산본향이란 본인의 조상줄을 찾아서 조상신을 받는 것인데 가장 중요한 것은 주장신명이 정해지는 과정입니다. 주장신령님은 조상님들 중에서 가장 영격이 높은 분이십니다. 그렇기에 몸주신령님은 아버지 같은 분이시라면 주장신령님은 어머니 같은 분입니다. 몸주신령님은 대개 큰굿이 아니면 잘 내려오시지 않는 경향도 있습니다. 그렇기에 대개 가르침을 받는 것은 주장신령님이십니다. 삼산돌기라고도 하는 본산본향 기도는 그렇기에 정말로 중요합니다. 선생님이 계시다면 알려 주시겠지만, 만일 그렇지 못하면 천신기도로 몸주신령님을 맞이하고 33관음성지를 모두 방문해서 명기서기를 강화한 후에 이를 행합니다.

우선 자신의 줄력에 따라 다른데, 이 부분은 성씨 본관과 관련된 지역을 찾은 후에 그 지역의 기도터나 굿당을 찾아봅니다. 인터넷을 찾아보거나 기도터 굿당 안내서들이 만물상에 있으니 그러한 서적들을 참조하면 됩니다. 이렇게 몇 개 정도 찾은 후에 몸주신령님께 여쭈어보도록 합니다. 대개 몸에 감응이 와서 흔들리거나 하는 곳이 본산본향 기도를 할 수 있는 곳이 됩니다.

본산본향의 기도터나 굿당에 가시면 우선적으로 간단하게라도 합장을 하고 인사를 드립니다. 인사는 어디 사는 누구인데 오늘 본산본향에 길을 알기 위해 왔다는 식의 기도를 마음속으로 잠시 드리도록 합니다.

가벼운 상차림을 하고서 동쪽을 바라보면서 기도를 시작하는데 가장 중요한 부분은 주장신령님께서 오시는 것입니다. 자동경이라는 경문을 통해서 청할 수 있으니 이를 외우도록 합니다. 하지만 앞서서 광명진언 등의 자신을 보호하고 법계를 맑게 하는 진언들이나 기본경으로 알려진 육신주와 태을보신경등을 외우고 나서 자동경을 행하도록 합니다.

뒤로 돌리며 비는 것은 신령님께서 오시도록 하거나 신령님의 지도를 들을 때 합니다.

앞으로 돌리며 비는 것은 신령님께 청을 드리거나 기도를 드릴 때 합니다.

[자동경 초통]

도솔천 옥황상제

동방 사천대왕 태호진군

남방 관화군 화덕진군

서방 취치진군 태백진군

북방 관동군 취성진군

중앙 세성태양 태음진군 후토부인

동방 기린지신 남방 봉황지신

서방 금도지신 북방 수도지신

중앙 토도지신

갑을병정무기경신임계 천간지신

자축인묘진사오미신유술해 십이지지신

천상관세음 동두칠성 남두칠성

서두칠성 북두칠성 중앙칠성

세성태백성 이십팔수 구룡성 의연신경

동해신 아명광연왕

제이문정 종용락토 회회원보

남해신 축융광리왕

적반사간 양장만록 사소 회회원보

서해신 거승광덕왕

임옥낙양 영치계 회회원보

북해신 옹강광택왕

수덕사해 우망제유 회회원보

태상부군 회양지신 곤륜산신 태룡산신

무릉산신 갈석산신 정수지신 무수지신

한수지신 동서남북 해망지신 동정지신

회회지신 하도낙서 이십사후

천황 지황 인황 태호 복희씨

삼황오제 해갈은갈 음제차공성 토약희신

종아자도 백아자역 회아자존 순아자령

실아자홍 경아자길 천하지인고 각귀신이

수중기아 창천부아 사신토귀 반실단이

아여등금 단니 흘리 흘리 흘리

자동경은 신이 자동으로 내린다는 경문입니다. 하지만 말과 글은 힘이 있는 것이 아닙니다. 그것을 외우는 제자의 원력과 정성이 힘이 되는 것입니다. 초통은 한글자 한글자 힘을 주어서 꾹꾹 누르는 기분으로 읽습니다. 이에 비해서 재통은 곡조를 넣어서 구성지게 읊는 기분으로 읽도록 합니다. 자동경을 외울 때는 신령님을 청하는 것이라 손바닥을 뒤로 돌리며 빕니다.

몸이 흔들리거나 손이 떨리거나 지기 감응이 있다면 초통이 된 것입니다. 그러면 퇴송문을 외우고 그다음 날부터는 재통을 외웁니다. 하지만 만일 지기가 안 온다면 퇴송문을 외우고 다음 날에도 초통을 외웁니다. 퇴송을 할 때는 앞으로 돌리며 비는 방식으로 행합니다.

[퇴송문]

수화상탕 분건곤 대우조정 열만상
팔역시방 각유계 영정신동 왈천지
대도일혜 지만엽 이기수경 합왕복
성공혁조 편제토 오행종령 양만물
사생육도 설음양 형유지우 영귀신
업풍취도 귀요란 하계군생 침윤회
마양음도 간작얼 적입보장 매천리
오형산란 변만신 이매망량 희무변
뇌성일진 옥추부 자미진령 입삼매
사십팔장 항마검 타파곤륜 포사정
오방신장 열기번 흉예소탕 일월청
산신토지 문송경 시위오신 제만겁

칠요구원 혼백안 청룡백호 불이방
천관율령 막감위 음사요얼 수철위
삼계마왕 속수장 오악귀졸 화미진
파순살귀 귀성역 지중음괴 각정로
삼십육천 뢰율령 칠십이지 신위력
시방허공 은미진 군생안락 영태평
여라일월 호건곤 삼십육궁 도춘광
유정무정 환선악 척거망념 환본제
보화천존 섭호령 진토찰라 유리계
군성만령 징상천 사십팔장 종부도
산왕호산 신수가 오도팔방 신안녕
청룡지신 환동방 백호지신 귀서방
주작지신 징남방 현무지신 치북방
구진등사 음양신 보우중앙 호인도
양신상승 음신야 주신야신 귀일월
이환명당 신상녕 오화오장 신수정
동신정신 준법도 각솔신병 안방위
주왈 오봉 구천응원 뢰성 보화천존 율령
『뒨언찡산벙박라 사바하』(3회)

[자동경 재통]

천황천황 도솔천황 동방태을 천황신
남방자미 천황신 서방태백 천황신

북방두우 천황신 중앙토덕 천황신
봉황성신 기린성신 갑을병정 지신
무기경신지신 임계지신 자축인묘지신
진사오미지신 신유술해지신
년직 월직 일직 시직 장생지신
삼기팔문 둔갑지신 천지풍운 용호지신
현랑선녀 조화지신 음양오행 회합지신
칠군삼태 조합지신 뇌공벽력 휘동지신
산령성황 영솔지신 지부십전 거래지신
초한호령 한신지신 회약자순 희광초사
선동중중 래조아 명광정계 회양정도
제세안강시호정령 일일자동 옴 옴 옴

재통주를 읽으면 몸이 떨리지는 않지만 앞의 맑고 밝고 따뜻하고 부드러운 기운이 서리게 됩니다. 그리고 그 기운이 점점 더 강해집니다. 초통은 직성서기로 오는 것이고 재통은 명기신기로 오는 것이기에 그렇습니다. 이렇게 기운이 느껴지면 이제 "누구 십니까?" 하고 묻습니다. 그리고서 명패를 확인합니다. 대개 주장신령님이 가장 먼저 들어오십니다. 재통은 몇 날 며칠이 걸릴 수 있습니다. 만일 몸이 힘들거나 하면 주장신령님만을 우선 받고 내려올 수 있습니다. 하지만 가능하면 오시는 분들을 모두 모시도록 하는 것이 좋습니다.

더 이상 새로운 분이 나서지 않을 때까지 재통주를 합니다. 중요한 것은 어떤 분이 주장신령님이신지 어떤 분들이 어떤 신통 원력으로 오셨는지를 잘 물어서 적어야 합니다. 매번 마칠 때는 퇴송문을 외우고 마칩니다.

[자동경 삼통]

인귀봉귀 쌍봉청천 제칙 회치괴괴
옴 칙 인귀봉귀 신장 자동내림
인귀행 봉귀령 염정성 분부

    재통에서 이미 가리를 마무리했습니다. 이제 삼통을 외우면서 각 신명의 명기가 제자의 몸에 맞추어지도록 하는 것입니다. 위의 삼통을 외운 후에 지기 감응이 오면 가리 했던 어르신들을 한분 한분 청해서 몸에 실리게 합니다. 그리고 그 지기의 다름을 알고 좋아하시는 것과 싫어하시는 것 등등을 대화를 나누도록 합니다. 가능하면 주장신령님을 가장 자주 많이 청하는 것이 좋습니다.

    삼통주를 마칠 때는 퇴송문이 아니라 다음의 퇴송주를 외우고서 마칩니다.

[퇴송주]

제위 성현선생 계수봉반 각환호궁 후유고소 복유유의 진중진중 모든 기도를 마치고 내려오기 전에 뒷전풀이를 합니다. 매일의 기도 시에도 하면 좋지만 가장 중요한 것은 마지막 날에는 꼭 해야 합니다.

[뒷전풀이]

재재봉봉 마루마루 넘던 성황 고개고개 넘던 성황
물위성황 물아래성황 남상문은 여상문에 따라들고
여상문은 남상문에 따라들고 묻어들은상문 진상문
내상문 외상문 어진상문에 숨지고 넋지어 가던영산
암으로 가던영산 중풍으로 가던영산 이질은 급질로
맹장은 급장으로 가던영산 열병마마로 가던영산
화간춘풍 심방시에 줄타고 놀던 광대영산
춘풍도리 화계시에 꽃을 날리던 원혼영산
추오오동 역납시에 잎을 날리던 말명영산
동성이성 친척간에 여형여제 줄매영산
백화만발 녹음초에 목매죽은 결항영산
고소성외 한산사에 염불하던 승사영산
구중궁월 초당안에 수절하던 열녀영산
비몽사몽 야모중에 괴이한꿈 요사영산
살인도적 범죄하여 조신형옥 옥사영산
만첩청산 설산중에 호랑객사 호사영산
월음심심 야삼경에 복통을 하던 해산영산
만첩청산 심곡중에 벌목하던 목신영산
홍로점실 화염중에 불타죽은 화사영산

추야귀레 사창전에 님을 그리던 정부영산
금은준마 대도상을 왕래를 하던 호걸영산
위수중분 백노단 물에빠진 수살영산
만경창파 대해중을 왕래하던 사공영산
월백설백 천지백에 얼어죽은 동사영산
양유청청 녹음초에 헌화하던 촉각영산
천가만가 대문전에 걸식을 하던 기사영산
총에 맞은 탄자영산 칼에 맞은 검사영산 폭격으로
가던영산 오룡촉백 금전놓고 박물하던 전화영산
혼인취가 거래시에 따라들은 전례영산
만리타국 풍진중에 선봉대장 군웅영산
미실혼실 미가영산 무자무손 무주영산
가길각동 삼거리에 수구배기 성황영산
처녀 죽은 애혼영산 총각 죽은 몽달영산
일식불식 가사영산 양인방자 조축영산
화류추농 청류상에 기무하던 창녀영산
오장망사 편복영산 삼형팔쾌 급사영산
기차에 치이고 자동차에 받혀가던 객사영산
천리타향 도로상을 왕래하던 객사영산

연화가 하는 방법

　저의 경우, 제자가 되실 분께서 앞의 방법으로 몸주신이 정해 지시면 본산본향에 가서 신내림을 하실 분의 등 뒤로 펼쳐진 광활한 공간을 바라봅니다. 그리고 제 신령님께 부탁해서 탐조등처럼 그 등위에 계신 분들을 비춥니다. 그러면 주장신께서 앞서서 당도하십니다. 대개 제가 보는 것이지만 내림을 받을 분도 지기로 느끼게 됩니다. 이렇게 해서 우선적으로 주장신령님을 정하고서 주장신령님의 공수에 따라서 나머지 가리를 진행합니다.

7. 가리

 가능하면 삼산돌기를 하며 가리를 마치고 돌아오는 것이 좋습니다. 하지만 그렇게 하지 못할 경우에는 최소한 주장신령님은 제대로 가리를 잡고 돌아와야 합니다. 과거에는 내림이 잘못되어서 내림굿을 다시 하는 경우가 많았는데 근래에는 가리만 다시 잡는 경우가 있습니다. 하지만 몸주신령님과 주장신령님만 제대로 모셨다면 가리는 그다지 중요하지 않습니다. 과거 노만신님들은 수명이 다하는 날까지도 새로 들어오는 신명이 있다고 하실 정도로 가리는 평생 필요하게 됩니다. 그러므로 몸주신령님과 주장신령님만 믿고 나아가야지, 이 선생님 저 선생님 만나면서 가리를 여러 차례 하는 것은 그리 좋은 일이 되지 못합니다.

연화가 하는 방법

　　몸주신령님과 주장신령님이 이미 정해진 후에는 내림을 받을 분께 몸주신령님을 청하도록 합니다. 그리고서 몸주신령님께서 오셨으면 축원을 받습니다. 그리고 주장신령님을 모신 후에 오실 분들을 인도해 달라고 부탁을 하고서, 오시는 분들을 한 분씩 명패 확인하면서 모시게 됩니다.

8. 좌정

신당은 기본적으로 전안과 걸립으로 이루어져 있습니다. 전안은 육당과 중당과 소당으로 되어 있는데 제자가 보는 방향으로 하는가, 아니면 신령님의 입장에서 정하는가 많은 다른 이야기가 있습니다. 하지만 이미 몸주신령님과 주장신령님을 모신다면 직접 여쭙고 진행하는 것이 더 낫습니다.

육당에 오시는 신령님들은 성정이 조금 거칠고, 장군신이라든지 무관 출신들이 많으시며 선거리를 주관하게 되십니다. 육류를 공양받으시며 친가 부리인가 외가 부리인가에 대해서도 다른 이야기들이 많으므로 자신의 몸주신령님과 주장신령님께 여쭙는 것이 좋습니다. 주장신령님이 육당 쪽으로 기울어지셨으면 선거리 일을 많이 해야 합니다.

소당에 오시는 신령님들은 성정이 온화하고, 도사라든지 문관 출신들이 많으시며 점사나 비방이나 앉은거리를 주관하시는 경우가 많습니다. 주로 채소나 과일류로 공양을 받으시며 친가인지 외가인지는 몸주신령님과 주장신령님의 지도를 따르는 것이 정답입니다. 주장신령님이 소당 쪽으로 기울어지셨으면 선거리 일은 상대적으로 조금 힘들게 됩니다.

중당은 중앙에 자리를 하는 분으로 혈연으로 이어지지 않은 분들이나 천신이나 성신과 같은 분들을 모시는 곳입니다. 이 역시도 어떻게 자리를 잡을지는 몸주신령님과 주장신령님의 지도를 받아야 합니다.

요즘은 신당을 바로 원불로 모시는데 가능하면 처음에는 글문으로 모시는 것이 좋습니다. 글문은 한지에 봉청ㅇㅇㅇㅇ신위(奉請ㅇㅇㅇㅇ神位)라고 쓰고 벽에 붙이도록 합니다. 만일 탱화나 원불로 모실 경우에는 점안식이 필요합니다. 점안식은 후에 다시 설명하도록 하겠습니다.

걸립은 대개 자손을 돕고 싶으시지만 아직 준비가 안 되어서 신통력은 없으신 조상님들이 오시는 경우가 많습니다. 이분들은 허주는 아니지만 전안에 모실 정도는 아닌 분들이 머무시는 곳입니다. 그런데 전안만큼이나 중요한 곳이 걸립입니다. 걸립은 주로 출입문 옆에 자리를 하지만 전안과 마주 보아서는 안됩니다.

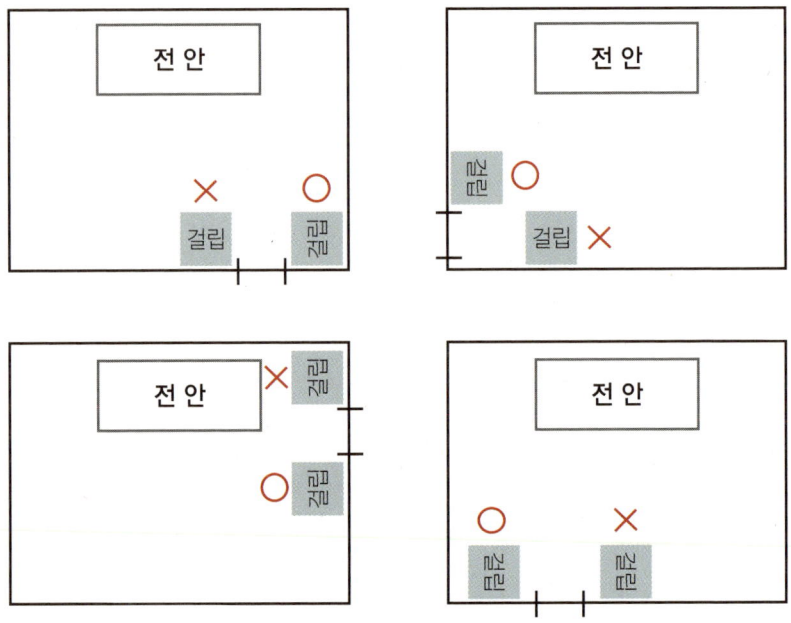

전안과 걸립 위치의 예

걸립에 모신 신들은 밝은 장소나 거창한 제를 바라지 않습니다. 그렇기에 일 년에 한 두번 정도 걸립초를 피우는 것으로 충분하고 사탕이나 초콜릿과 같은 간식거리를 올리고 비손으로 비는 정도면 충분합니다. 걸립이 자리를 잘 잡으면 손님이 끊어지지 않고 외부에서 따라 들어오는 부정도 막아집니다.

걸립을 세울 때 걸립 축원은 다음과 같이 합니다.

[걸립 축원]

설명도라 대신걸립 사위삼당 걸립 검성에 대신걸립
그연 상산걸립 안산밧산 내외산에 왕래걸립
한우물 용궁걸립 안말우리 밧말우리 선황걸립
수영반장걸립 육조삼말 부군걸립
배웅남산 불사걸립 수풀당에 제게걸립
남관왕묘 동관왕묘 정전대전 시위걸립 사직종묘 위패걸립

모씨가중에 치어다가 성주걸립 내려다가
지신걸립 앞문에 화주걸립 뒷문에 시주걸립
수문장에 패장걸립 몸주걸립에 직성걸립 만장육장에 열입걸립

남걸립은 저들이고 여걸립은 여들이고 수래대여 실어드려
먹고남고 쓰고남고 놀고남게 도와주고
남여자손 부귀창성 무병만수 반석같이 도우시고 석숭에 복을 빌고
강태공에 나를빌어 만만세를 높이게 도와주소서

연화가 하는 방법

연화의 경우 글문도 탱화도 원불도 아니고 신령님들과 쇼핑을 다닙니다. 어떤 경우에는 수석이라든지 분재 등등의 여러 가지 신령님이 원하시는 것을 구입해서 신당을 꾸밉니다. 남화밀교라는 불교 방식의 개광점안을 하는 것으로 마무리를 합니다.

9. 전안 기도

전안과 걸립이 갖추어지면 이제부터 제자라고 할 수 있습니다. 이제 기도를 하는 방법을 살피도록 하지요. 집안에 어르신이 계시면 문안 인사와 저녁 인사를 드리는 것처럼 기도 역시도 아침저녁은 꼭 해야 합니다. 이를 일반 기도라고 합니다. 이 기도는 다음의 기도문을 사용해도 되고 다른 기도나 축원을 해도 됩니다.

[전안 기도문]

귀히 굽어 봅소서

해동 대한민국 OO도 OO동 거주하는 OO생의 OO(본관) O씨
애동기자 이옵니다
사옵는 거주 터전은 OO동 이온데 이 고랑산 도당신령님
부군신령님 하위 받아 들으시고
OO씨가중(친가 본가) O씨가중(외가 처가 시가)
양산의 본향 신령님 하위 받아 들으시고
팔도명산 산신령님 하위 받아들으시고

O씨 애동기자 육천전안 삼천진주범 같으신 신령님과
초록 같은 인신네들 하위 받아들으시고
천상옥경 옥황상제 구천뇌공 보화천존 복명사신 소거백마
대신장님 하위 받아들으시고
O씨 애동기자 가리판단 나리소서

천하대신 지하대신 각국나라 열두대신
O씨 애동기자 몸주대신, 전안대신 할머니 하위 받아들으시고
천하장군 지하장군 각국나라 열두장군
O씨 애동기자 몸주장군 전안장군 할아버지 하위 받아들으시고
(자신의 말문공수를 통해 받아 모신 신령님이나 귀로 듣거나 책을 통하여 알고 있고 생각나는 모든 신령님의 명호를 생각나는 대로 입에서 나오는대로 외운다.

예) 청궁불사 일월불사 오방신장 육갑신장 천상동자 일월동자 청궁선
    녀 일월선녀 산신도사 일월도사 선관도사 약사도사 등등..)

하위 받아 나리시어
O씨 애동기자 양어깨에 서기 명기 나리시고 말문주고 글문주고
영검주고 거염주어 장안 가득 불려 주고 세계 가득 불려 주소서

그 외에 특별한 일이 있을 경우가 있는데 다음과 같은 때에 하도록 합니다.

1. 신령님께 감사를 드리는 경우
2. 집안에 경사가 있는 경우
3. 앞으로 일어날 일을 미리 고하는 경우 (이사, 공사, 잔치 등등)
4. 망자의 혼을 이끄는 경우
5. 자신의 힘으로 이룰 수 없는 것에 대한 도움이 필요한 경우

이때는 집안에 살아계신 어른께 아뢰듯이 아뢰면 됩니다.

연화가 하는 방법

기도는 형식보다 진심이 중요하다고 배웠습니다. 제 공부를 이끌어 주시는 정명스님께 배운 기도는 다음과 같습니다. 그래서 기본적으로 다음과 같이 하고 있습니다.

**입에 올리기도 황송한 OO하신 OO신령님 앞에
공손히 나섭니다.
삼가 OO신령님께서 OO하실 적에 OO하심을
불초 제자(또는 자손)가 따르려 합니다.
외람되오나 제자 연화는 OO하기를 간절히 고합니다.
바라는바 간청을 들어 주십사 경외하고 또 경외하며 비나이다.**

세부적인 부분에서는 바뀌지만 대략 이러한 틀 안에서 기도문을 만들어서 사용하고 있습니다.

🍃 무녀 연화의 하루 - 거실편

3. 애동 제자 나아가기

1. 점안식

본래 애동시절에는 위필로 모시고 탱화로도 잘 모시지 않기에 점안식이 필요가 없습니다만, 요즘은 신내림을 받자마자 탱화와 원불로 바로 모시기에 따로 점안식이 필요한 경우가 많기에 점안식을 하는 방법을 소개합니다. 우선 기본경을 하는데 기본경은 경문을 읽을 때 늘 사용하는 것이므로 이번 기회에 익혀 놓으면 좋습니다.

<기본경>

초경 (초를 켠 후에 외운다)
태을보신주
육계주
부정경
분향주 (주문을 외우면서 향을 사른다)
신령축원
선관신령축원

이렇게 기본경을 하고 명당축원과 명당경과 군웅축원을 한 후에 뒷전을 풀고 마칩니다.

무신도의 경우, 가지고 올 때 한지로 가리고 신상의 경우에는 고깔로 얼굴을 가리고 모셔와야 합니다. 택일을 하고 무신도나 신상이 들어오는 방위도 따져서 부정이 들지 않도록 조심해야 합니다. 그런 후 전안에 들어오기 전에 무신도나 신상의 부정을 치도록 합니다. 보통 팥이나 소금을 뿌리며 부정경을 읽고 향 연기를 쏘여주도록 하는 방식을 합니다. 이렇게 해서 충분히 정화를 해서 그 안에 허주 잡귀가 깃들지 않도록 한 후에 전안에 모십니다.

만일 위필을 떼고 모시거나 기존의 무신도나 신상을 바꾸려고 한다면 우선 퇴불식을 해야 합니다. 퇴불식은 위필이나 무신도나 신상에서 잠시 신령님께서 나오시기를 권청하는 것입니다.

이 경우에는 처음에 한 기본경을 하고서 신령님께 여쭙고 강신을 해서 공수를 받아야 합니다.

그렇게 해서 신령님께서 나오신 후에 다음과 같이 붓을 들고서 선을 허공에 그으며 외우도록 합니다.

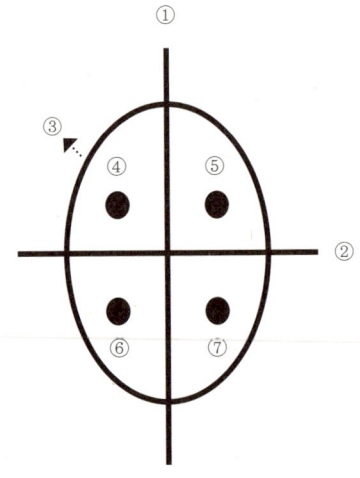

총 7획인데 각 획을 그릴 때마다 "사라지소서~ 맑아지소서~"라고 외우면서 그립니다. 실제로 먹물을 찍어서 위필이나 무신도나 신상에 직접 그려도 됩니다. 그리고 난 후 밖에 나와서 위필이나 무신도는 찢고 신상은 망치 등으로 두들겨서 모양을 망가뜨리게 시킵니다. 가능하면 제자 자신이 망가뜨리지는 말도록 하고 망가뜨리는 모습을 보지도 않는 것이 좋습니다.

여기까지 마친 후에 들어가서 몸의 부정을 풀고 가지고 온 신상의 부정을 풀고 위와 같이 행하면 됩니다. 그리고 나서 다음의 경들을 읽습니다.

[초경]

범송경자는 결수재계 염정의관 정심정기라 고치연흠연후 낭송차경
실물경반하고 교담저별 무제단소 염염무위하고
소원을 독축하나니 신령님들은 자연히 감응 감동을 하소서

[태을보신경]

태상왈 황천생아 황지재아 일월조아 성신영아 제선거아 사명영아
태을림아 옥신도아 삼관보아 오제우아 북신상아 남극우아
금동시아 옥녀배아 육갑직아 육정진아 천문개아 지호통아
산택용아 강하도아 풍우송아 뢰정순아 팔괘준아 구궁둔아
음양종아 오행부아 사시성아 아명착아 태청현석 삼궁승아
상하왕래 무궁불식 금반옥장 향구개지 허범일월 여천위서
은표성구 비작보성 소구자득 소향자형 소위자합 소욕자성
종종변화 여보합신 하신불복 하명불행
전유주작 후유현무 좌유청룡 우유백호 상정화개 하섭괴강
신통광명 위진시방 애아자생 오아자앙 모아자사 증아자망
영동신녀 파쇄금강 삼천육백 상재아방 집절봉부 여아동유
정정보화 도검옥부 태상섭아 경천길창 이십사부 여제성력
천지만물 각각자순 각각자복 팔방제신 자연복종 자연영험
만수동정 일일예보 명령보행 일체무위 원언여시
옴옴 급급여율령 사바하

[육계주]

정심신주왈 태상태성 응변무정 구사박매 보병호신 지혜명정
삼혼영구 백무상경 급급여 률령사바하
정구신주왈 단주구신 토예제분 설신정륜 동명양신 라천치신
각사위신 후신호분 기신인진 심신단원 영아통진 사신련액
도기장존 급급여률령

정신신주왈 영보천존 안위신형 제자혼백 오장현명 청룡백호
대장분윤 주작현무 시위오신 급급여률령

안토지신신주왈 운시안진 보고만령 안독진관 토지지령 좌사후직
부득망경 회향정도 내외숙청 각안방위 비수단정 태상유명 수포사정
호법신왕 보위송경 귀의대도 원형이정 급급여율령 사바하

정천지해예주왈 천지정명 예기분산 동중현허 항랑태원 팔방위신
사아자연 영보부명 보고구천 건나답나 동강태현 참요박사
도귀만천 중산신주 원시옥문 지송일편 곽병연년 안행오악
팔해지문 마왕속주 시위아헌 흉예소탕 도기장존
급급 여률령 사바하

개경혼주왈 천황천황 보화십방 무도불응 무구불양 양양온음
만고수광 순오자형 역오자망 옥문보전 송지길창 사명수호
부득은장 구천보화 옥청진왕 급급 여률령 사바하

[부정경]

천상부정 지하부정 원가부정 근가부정 대문부정 중문부정
계견부정 우마부정 금석부정 수화
부정 토목부정 인물부정 오방부정 사해부정 침구부정 측거부정
조정부정 방청부정 연월일시
사부정 천상지하 부정소멸
원근가내 대중소문 부정소멸 계견우마 금석수화 토석인물
부정소멸 오방사해 침구 측
거조정 방청내외 부정소멸 연월일시 사부정소멸 정칠월인신
이팔월 황천 삼구월 천라 사
시월 지망 오지월 수중 육랍월 십왕부정 개실소멸 동서남북
사해팔방 이십사방 부정개소멸
태세세살세파방 부정개소멸 산수생활 부정개실소멸 종종부정
속거타방 만리지외 옴 급급여율령 사바하

[분향주]

상중하계 제혼신은 분향길로 서기를 삼으시고 용천감로 정화수로
귀의도량 내림하소서 봉현일편양 덕용난사에 근반진사계 협복오수미
아금일신중 축현무신지 편제제불전 편제천존전 편제신장전
편제장군전 일일무수리 옴바리 일남오염불 남무상주시방불
남무상주시방법 남무상주시방승 불법승 이공행기 행년편북 삼천기증
능개팔만문 오방오왕증 문차신행이 법회강신 강일편이 상중하계
제대신장은 자연감응 내림하소서
옴 소지지아리 하나하나 후흡발역 사바하

[신령축원]

삼천대천세계 만 신령님을 청배하여 공양발원을 올리고
인간의 눈으로 신령님을 분별하지 못하니
법단에 자리좌정 하시는 신령님이 만 신령님들께서
인정하시는 신령님이신지 증명해 주시기를 축원합니다

만덕고승 성계한적 산왕대신 차산국내 항주대성 산왕대신
시방법계 지령지성 산왕대신
대산소산 산왕대신 함경도 백두산 산왕대신
평안도 묘향산 산왕대신 황해도 구월산 산왕대신
강원도 금강산 산왕대신 경기도 감악산 산왕대신
충청도라 계룡산 산왕대신
한양성내 삼각산 백악산 인왕산 덕양산 용마산
낙산 관악산 목멱산 산왕대신
경상도 태백산 산왕대신 전라도 지리산 산왕대신
제주도 한라산 산왕대신
여덟팔도 방방곡곡 면면촌촌 각리각동 도당에 자리하신
당산 성황신령님 골맥이 성황신령님
물위에 성황신령님 물아래 성황신령님 오방토지신 안토지신
후토지신령님 강림도량 하시어서
삼천진중 육천법단 자리과정 하시는 신령님과 합의동심 하옵시여
공양발원 받으시고

증명공덕을 베푸시고 삼주호법 위타천신 용왕대신

좌보처 사가라 용왕대신 우보처 화수길 용왕대신
해수관음 용왕대신 사해수부 용왕대신
함경도라 압록강 강천대신 평안도라 대동강 강천대신
황해도라 황주강 강천대신 강원도라 해금강 강천대신
경기도라 임진강 강천대신
한양성내 한강 강천대신 충청도라 금강 강천대신
경상도라 낙동강 강천대신
전라도라 영산강 강천대신 제주도라 강정천 강청대신
강림도량 하시여서
삼천진중 육천법단 자리좌정 하시는 신령님과 합의동심 하옵시여
공양발원 받으시고 증명공덕을 베푸시고

청정법신 비로자나불 원만보신 노사나불 현거도솔
당강용화 자씨 미륵존 여래불
천백억화신 석가모니불 대지문수보살 대행보현보살 달마대사
가섭존자 아난존자 독성자 아라한
극락도사 아미타불 좌우보처 관음세지 양대보살 일체청정
대해중 보살마하살 대성 인로왕보살마하살
금륜보계 치성광여래불 좌우보처 일광월광 양대보살
북두대성칠원성군 삼태육성 이십팔수 일체 호법선신
동방 만월세계 약사유리광여래불 좌보처 일광변조 소재보살
우보처 월광변조 식제보살
지장원찬 이십삼존 제위여래불 유명교주 지장보살 마하살
좌보처 도명존자 우보처 무독귀왕 병종권속
대자대비 관세음보살 좌보처 남순동자 우보처 해상용왕

일광용왕 월광용왕 강림도량 하시여서
삼천진중 육천법단 자리좌정 하시는 신령님과 합의동심 하옵시여
공양발원 받으시고

증명공덕을 베푸시고 동진보살 팔보살 수호지주 팔대금강
사대보살 여래화현 십대명왕
사바계주 대범천왕 일월이궁 양대천자 이십제천 제대천왕
호세안민 사방천왕 지거세주 제석천왕
강림도량 하시여서 삼천진중 육천법단 자리좌정 하시는
신령님과 합의동심 하옵시여

공양발원 받으시고 증명공덕을 베푸시고
구천응원 뇌성보화 천존대왕 삼천상경 천존대왕
상청영보 천존대왕 옥천원시 천존대왕
태청도덕 천존대왕 삼천진중 육천법단
자리좌정 하시는 신령님과 합의동심 하옵시여
공양발원 받으시고 증명공덕을 베푸시고

옥황상제 옥지부인 삼부인 천총대왕 윤씨대왕
금비대왕 금부도사 공심공주 만명부인
태상노군 태을성군 바리공주 성모천왕 법우화상 선도성모 아황만세
천왕보살 지왕보살 세계보살 명진국낭자 태호복희 신농황제
요순우탕 문무주공 정명도 정어천
주역선생 소강절 와룡선생 곽곽선생 이순풍선생 박사대신
일월호구 호구도령 호구아지

아태조 천신장 천왕승 천궁천왕 천궁창부 약사선관
환인 환웅 단군성조 삼신제왕
감악산옥리공주 관성제군 화주당홍대감 강림도량 하시여서
삼천진중 육천법단
자리좌정 하시는 신령님과 합의동심 하옵시여 공양발원 받으시고
증명공덕을 베푸시고

보정대사 옥천대사 서산대사 사명대사
육관대사 무학대사 의상대사 대의대사
태세도사 천문도사 지리도사 일월도사 선관도사
약명도사 한의도사 침술도사 미륵도사
산신도사 용궁도사 편의도사 글문도사 말문도사
각성제자 제종도사신령님 강림도량 하시여서
삼천진중 육천법단 자리좌정 하시는 신령님과 합의동심 하옵시여
공양발원 받으시고

증명공덕을 베푸시고 천존대감 천신대감 천복대감
천하대감 지하대감 살륭대감 별상대감 저승대감
신장대감 고막대감 제당대감 제석대감 불사대감
시주대감 집주대감 성주대감 조왕대감
화주대감 터줏대감 건립대감 수문장대감 문장대감
지식대감 안산대감 밧산대감 호반대감 의술대감
약사대감 상산대감 복신대감 식신대감 부귀대감
조상대감 본향대감 남대감 여대감 업대감
연천대감 활량대감 법전대감 어사대감 참판대감 수각대감

사신대감 사명대감 몸주대감 직성대감
글문대감 말문대감 각성제자 제종대감님 강림도량 하시여서
삼천진중 육천법당
자리좌정 하시는 신령님과 합의동심 하옵시여
공양발원 받으시고 증명공덕을 베푸시고

천하대신 지하대신 호계대신 복덕대신 조왕대신
성주대신 건립대신 창부대신 군웅대신
작두대신 벽력대신 명도대신 강림도령 만명대신
호구별상 홍씨별상 이씨별상 이월영동 마마부인
삼불제석 대신제석 일광제석 월광제석 용궁제석
대암제석 불사제석 삼신제석 안당제석
불사대신 시존불사 제석불사 미륵불사 일월불사
천궁불사 용궁불사 산천불사 절불사
강천정신 일광칠성 월광칠성 동두칠성 서두칠성
남두칠성 북두칠성 용궁칠성 선녀대신 꽃대신
옥황선녀 팔선녀 일광선녀 월광선녀 산신선녀
용궁선녀 당산선녀 성황선녀 건립선녀 길대선녀
글문대신 말문대신 각성제자 제종대신님 강림도량 하시여서
삼천진중 육천법단
자리좌정 하시는 신령님과 합의동심 하옵시여
공양발원 받으시고 증명공덕을 베푸시고

천하장군 지하장군 별상장군 미륵장군 벼락장군 작두장군
삼나라삼장군 소거백마대장군 녹두장군

도성수장군 사신장군 산토장군 호국장군 날개장군
까치산병마장군 군웅장군 천룡장군 황룡장군
용장군 진진장군 월한장군 일퇴장군 조풀장군
천뢰장군 나라장군 화덕장군 굴대장군
칠성장군 산신장군 건립장군 수문장 불릴장군
황해평산 임경업장군 신립장군 유장군 배장군 복장군
한산도 이순신장군 덕물산 최영장군 한라산 의일장군
각성제자 제종장군님 강림도량 하시여서
삼천진중 육천법단 자리좌정 하시는 신령님과 합의동심 하옵시여
공양발원 받으시고

증명공덕을 베푸시고 팔만사천제대신장 이십팔만신장
십이신장 육정육갑둔갑신장 천지조화 풍우신장
이십팔수제후신장 상통천문신장 약사신장 거북신장
글문신장 말문신장 황금역사 금이신장 미륵신장
삼태육성제대신장 악귀잡귀검무신장 우뢰주뢰벼락신장
산신으로 군웅신장 물아래로 용궁신장
남도당 여도당 남부근 여부근 도당신장 당산신장 성황신장
길대신장 수비신장 안토지신 후토신장
동방청제 청룡신장 남방적제 주작신장
서방백제 백호신장 북방흑제 현무신장
중방황제 황룡신장 오방신장 일월신장 불칼신장
조왕신장 성주신장 터주신장 건립신장
각성제자 제종신장님 강림도량 하시여서
삼천진중 육천법단 자리좌정 하시는 신령님과 합의동심 하옵시여

공양발원 받으시고 증명공덕을 베푸시고

팔만사천 제대동자 법승동자 태자태주 별상동자 별상동녀
일월동자 일월동녀 미륵동자 미륵동녀 칠성동자 소공자 소공녀
산신동자 산신동녀 용궁동자 용궁동녀
당산동자 당산동녀 성황동자 성황동녀
군웅동자 군웅동녀 수문장동자 수문장동녀
길대동자 길대동녀 강천동자 강천동녀
정신동자 정신동녀 청의동자 청의동녀
청의동자 청의동자 적의동자 적의동녀
백의동자 백의동녀 흑의동자 흑의동녀
황의동자 황의동녀 글문동자 글문동녀
말문동자 말문동녀 각성제자 제종동자 제송동녀
선관신령님 강림도량 하시여서
삼천진중 육천법당 자리좌정 하시는 신령님과 합의동심 하옵시여
공양발원 받으시고 증명공덕을 베푸소사

[선관신령축원]

천지신령 우주영신전 도법받으시고 신력받아 법단에
자리좌정 하시는 신령님을 축원합니다.

천지신명 우주영신 협의받아 (모년)생 (모씨)제자 상좌삼고
제자삼아 선관신령 줄을 잡고

몸주신령 줄을 잡아 (모년)생 (모씨)제자
삼천진중 육천법단에 자리좌정을 하시올 때
삼십삼천 천상궁 옥황전에 전령받아 옥경대를 하직하고
명부전 열시왕을 알현하여 수명록을 받아들고
팔대금강 사대보살 금불전에 봉헌하고 금륜보계 치성광여래불
일광월광 양대보살 북두대성
칠원성군 삼태육성 이십팔수 제성군중 알현하여 명끈빌어
받아들고 도리천상 제석님전 복끈빌어 받아들고
부처님전 도술받고 서산대산 들어가서 사명대사님 도통받고
대진장의 글문받고 소진장의 말문받고
약사여래 신령님전 약의약법 받아들고 사해용왕에 들어가서
맑은 명기를 받아들고
팔만사천 제대신장님 신력받아 인간세상에 나리실 적에
동방천왕을 관장하시는 지국천왕동방천왕 열으시고 남방천왕을
관장하시는 증장천왕 남방천왕 열으시고
서방천왕을 관장사힛는 광목천왕 서방천왕 열으시고
북방천왕을 관장하시는 다문천왕 북방천왕 열으시니
사대사천왕 열리고 열두천왕 열리고 천상천왕 열리니

(모년)생 (모씨)제자 선관신령님 근두운에 몸을 실어
오새무지게 펼치시고
조선대국에 하강을 하시여서 백두산 천지며 한라산 백록담
강원도 금강산 일만이천봉을 굽이돌아
여덟팔도 명산대천을 두루두루 유람하시고
자리 좌정하시는 (모씨)제자 삼천진중 육천법단은

좌청룡이 솟았으니 복록이 창성할 것이요
우백호가 나지막하니 삼재팔란 사백사병
관재구설 우환질병 근심걱정을 막을 것이요
북현무가 솟았으니 삼천갑자 동방삭의 길고 긴 명을 빌고
무량불 노인성의 선팔십 후팔십 일백육십 살의 명을 빌어다 쓸 것이며
남주작이 솟았으니 석숭의 오복수복을 빌어다가 쓸 것이요
동서남북 방위가 뚜렷하니
열녀 충신 효자 효녀 출세하고 자손만세 창성하여
부귀영화를 누릴 것이라

천지신명 우주영신 협의 받은 선관신령님 자리좌상하실
(모년)생 (모씨)제자 삼천진중 육천법단은
중국천자 이태백이 노닐던 재천 강기가 분명하고
소자첩이 노닐던 적벽강 추야월이 분명하고
열두 선관 선녀가 노닐던 옥경대 높은 누대가 분명하고
학과 신선이 노닐던
만경대 구름속이 분명하기로 삼천진중 육천법단에
자리좌정을 하시여서 초록 같은 애동제자
신력주고 원력을 주실 적에 천상에 흐르는
은하수요 지하궁으로 흐르는 장천수 물결같이
적벽강 추야월에 소자첩이 옥퉁수를 부는 듯이
높은 산에 백설이 펄 펄 휘날리고
좁은 골에 번개치고 억수장마에 비 퍼붓듯 대천바다 밀물들 듯
천문열고 말문을 열어주시어
천지신령 우주영신과 상통천문을 이루게 하실 적에

귀로는 바른 공수를 듣게 하시고

입에는 옥천문을 열어주시어 금쟁반에 옥구슬이 구르듯

말 잘하는 호변삼신 언변을 주시고

눈에는 천상의 악령인 접의를 분별하고

악귀 잡귀를 제압하는 능력을 주시고

다리에는 황금줄을 나리시고 머리위로 나리는

신명 오른어께 짚어주시고

오른어께로 나리는 신명 왼어께 짚어주고 왼어께로 나시는

신명 오른어께 짚어주어

봉황이 죽순을 입에 물고 오동나무 가지위에 살포시 내려앉듯

인간사 길흉화복을 전하실 적에

화통하고 신비한 천지도술 변화무쌍한 우주조화의 신통함을

생생하게 전하시고 불로초를 손에드시고

불사약으로 단을 모아 (모년)생 (모씨)제자 오장육부 개량시켜

기력돕고 원력도와

험담빈말은 제껴 놓고 면경천리 주유천하

인간화복 길흉사를 무불통달 하게하시어

천지신명 도법 받고 우주영신 원력 받아 앉아서는

천리를 내다보고 서서는 만리를 내다보아

삼천대천세계 만 중생들에게 활인공덕을 베푸실 적에

무수한 중생들에게 꽃으로 보이어

여덟팔도 각도각읍 면면촌촌 각리각동 방방곡곡에

초록 같은 애동제자 제명나게 도우시고

(모년)생 (모씨)제자 먼저가신 선망조상 나중가신

호망조상 황천후토 해원하고 예순육갑 해원하여

저 천상 문을 열어 요지연에 들어가고
서방정토 극락세계 왕생극락 발원을 하옵시고
부모천세 안녕하옵시고 형제동기간 화목하고
부부백년 해로하고 자손만대 창성하며
일년을 열두달 과년이면 열석달 연년 삼백육십오일
동서사방 출입시에 귀인상봉 불봉재해
쌈재팔란 사백사병 관재구설 우환질병 근심걱정은 막아주고
낮이면 물이 맑고
밤이면 불이 밝아
심복지환도 없고 불의지변도 없이 도우실 적에 삼천진중 육천법단
자리좌정 하신 만 신령님 원력으로
연년 삼백육십오일 하루같이 편안하게 도우소사

[명당축원]

법단이 자리한 가택에 상주하시는
가택 팔부신령님전 공양발원을 올립니다

삼천대천세계 만 중생들에게 활인공덕을 베푸시어
구제중생 이루시고자
삼천진중 육천법단 자리좌정을 하시는 신령님
가택 팔부신령님과 합의동심 하시여서
(모년)생 (모씨)제자 돌보시라 터전 명당에 자리좌정하신
가택 팔부신령님전

공양발원 올릴 적에 금반옥반 화계춘풍 앵무반에 정안수요
독시루 독반에 오색실과 오색탕수를
정결하게 진설하고 터전 내 안토지신 터줏대감 정신신령
조왕대신 성주대신 건립대신 수문장
칙간으로 들고 나시는 군웅신령님전 공양발원 올리오니
작은 정성 태산같이 받으시고
물 복은 흘러 들이시고 소나기복은 끌어들이시고
바람복은 날아들이시고
청천하늘에 두둥실 떠도는 구름복은 휘여 들이시고
제비 업은 날아 들이시고
돼지 업은 걸어 들이시고 긴 업은 서려들이시고
두꺼비복은 업어 들이시고
인업일랑 서서들이시어 먹고 남고 쓰고도 남아
앞 노적에 피는 꽃은 천년지덕을 눌러주고
뒷 노적에 피는 꽃은 만사안택 눌러주어
태평성대를 이뤄주시라 명당경으로 발원하니

[명당경]

안토지신명당경 천왕대제수명장 지황대제증복수
인왕대제액소제 대범천왕오액멸 제석천왕관재멸
조왕재제무량복 동방태호복희씨 남방염제신농씨
서방소호금천씨 북방전옥고양씨 중방황제헌원씨
동방세성안심지 남방화성멸화지 서방금성복위지

북방수성녹우지 중방진성장엄지 계도나후별경지
일성월성애호지 탐랑거문창자손 녹존문곡홍인구
명정무곡성소원 파군대성만여의 칠성구호강림호
이십팔수환희지 일백이흑만세지 삼벽사록의복지
오황육백천재멸 칠척팔백진재물 구자지신득우마
오방장군복록지 팔부금강수호지 사해용왕보위지
오악산왕조가호 금귀대덕칠보지 옥당현무수명장
청룡백호득기린 사명주작현인봉 명장구진복덕지
천뢰천형악퇴산 공조태충의복지 천강태을만창고
승광소길입전지 전송금괴입금은 천괴정명만복지
신후대길입재물 은형신왕상수호
부동안좌 금강지에 가택팔부신령님 안위안좌를 하옵시고
초록 같은 (모년)생 (모씨)제사
삼천진중 육천법단에 자리좌정을 하시는
몸주영신 몸주보살 몸주직성 열위신장님
가택팔부 신령님과 합의동심을 하옵시여
삼천대천 세계 상주하는 만 중생들에게
활인공덕을 베풀어 구제중생을 이루실 적에
일년 열두달 과년이면 열석달
연년 삼백육십오일 찾아드는 흉액 흉살 막으시어
삼재팔란 사백사병
관재구설 우환질병 근심걱정을 막으시고
복은 오복수복으로 채워 주옵소사

[군웅축원]

천지신령 우주영신을 보좌하시는 군웅신령님 전 공양발원을 올리고
법단에 자리하시는 군웅전 신령님 증명하시기를 축원합니다

화계춘풍 앵무반에 정안수요 독시루 독반에
오색실과 오색탕수 주육제물을 정결하게 받혀놓고
천지신명 우주영신 군웅신령님전 지극정성 공양발원 올리오니
(모년)생 (모씨)제자
터전잡고 살아가는 도당 내외 수문장신령님
거리거리수문장 길대신령전 군웅신령님
합의동심 하옵시어 도당 문을 열으실 때 동방 문을 열으시고
남방 문을 열으시고
북방문을 열으시고 도당문을 열으시어
도당내외 산왕대신 용왕대신
뜻 높으시던 당산 성황신령님 남도당 여도당 남부근 여부근
도당신장 군웅대감 도당대감
수문장대감 강천정신 산토장군 군웅신장 군웅장군
도당불사 도당아씨 도당선녀
도당동자 도당동녀 선관신령님 오방토지신 안토지신
후토신령님전 군웅신령님
(모년)생 (모씨)제자 본부본향 도당에 자리하신
도당신령님전 군웅신령님 강림도량 하시여서
(모씨)제자 터전자보 살아가는 터전 내 자리하신
가택팔부신령전 군웅신령님과

합의동심 하옵시어 공양발원을 받으시고
삼천진중 육천법단 자리좌정을 하시는 신령님
증명공덕 베푸시고 (모씨)가정 (모씨)명당
먼저가신 선망조상 나중가신 후망조상
군웅신령님전 벌전은 소멸하시여 황천후토 해원하고
예순육갑 해원하여 저 천상문을 열어
요지연에 들어가고
서방정토 극락세계 왕생극락을 이루도록 돌보시고
일체권속 삼재팔란 사백사병 관재구설
우환질병 근심걱정을 막아주시고
천존전 군웅신령 제석전 군웅신령 삼신제왕전
군웅신령 칠원성군전 군웅신령 산신전 군웅신령님
용왕전 군웅신령 미륵전 군웅신령 당산전 군웅신령
성황전 군웅신령 강천정신전 군웅신령님
안토지신 후토신령전 군웅신령 열두대감전 군웅신령
열두대신전 군웅신령 열두장군전 군웅신령님
팔만사천 제대신장전 군웅신령 조왕신령전 군웅신령
화덕자군전 군웅신령 굴대장군전 군웅신령님
지신전 군웅신령 터주전 군웅신령 전문후문
수문장전 군웅신령 겁립전 군웅신령님
길대신령전 군웅신령 성주신령 하의 대도감 대직장대별감
표골장군 상산별군웅 사살군웅 사신군웅
백마군우 사라전군웅 업성주군웅 오방오색토군웅
호구별상군웅 홍씨별상군웅 이씨별상 군웅신령님
강림도량 하시여서 만 군웅신령님 합의동심 하시여서

지극정성 발원하는 공양발원 받으시고

(모년)생 (모씨)제자 먼저가신 선망조상

나중가신 후망조상 군웅신령님전 벌전을 소멸하시어

황천후토 해원하고 예순육갑 해원하여

저 천상문을 열어 요지연에 들어가고

서방정토 극락세계 왕생극락을 이루도록 돌보시고

(모년)생 (모씨)제자 (모씨)가정 (모씨)명당

가택안녕과 부귀길창은 대대손손에 유전하고

일체권속 동서사방 출입시에

귀인상봉 불봉재해 삼재팔란 새백사병

관재구설 우환질병 근심걱정을 막으실 적에

태산이 아무리 높다 하되 하늘아래 있사옵고

사해수부 심해수가 아무리 깊다 하되

모래사장 아래 있으나 덕물산 최영장군 마누라 영검술은

그 깊이를 모르나니

무쇠실로 철갑옷을 만들어 입으시고 한손에는 청룡도요

또 한손에 삼지창 높이 치켜들고

상문 끝에 따라들고 묻어드는 상문수비 피부정으로 따라들고

묻어드는 삼신수비

각종 동토 끝에 따라들고 묻어드는 동토수비 주당 끝에 따라들고

묻어드는 주당수비

각종 부정 끝에 따라들고 묻어드는 부정수비

(모년)생 (모씨)제자 삼천진중 육천법단에

자리좌정 하시는 만 신령님에 따라들고 묻어드는

해작귀 (모씨)제자 삼천진중 육천법단에 머무는

수비 영산 객귀는 일성 호각에
선참후계 하시여 금일도당 밖으로 내치시고
(모씨)가정 (모씨)명당 부모천세 안녕하옵시고
형제동기 화목하고 부부백년 해로하고
자손만대 창성하며 일체권속 삼재팔란 사백사병
관재구설 우환질병 근심걱정은 영위소멸 하옵시고
사대강건 육근청정 수명장원 안과태평 부귀영화를 이뤄주고
각기 심중소구 소원성취를 이뤄주고
만사여의 원만형통을 이뤄주시어 삼천대천세계
만 중생에게 활인공덕을 베푸시여
구제중생 이루시고자 금일 설단에 나리신
천지신명 우주영신전 군웅신령님 소원성취를 하옵소사

[뒷전풀이]

재재봉봉 마루마루 넘던 성황 고개고개 넘던 성황 물위성황
물아래성황 남상문은 여상문에 따라들고
여상문은 남상문에 따라들고 묻어들은상문 진상문
내상문 외상문 어진상문에 숨지고 넋지어 가던영산
암으로 가던영산 중풍으로 가던영산 이질은 급질로
맹장은 급장으로 가던영산 열병마마로 가던영산
화간춘풍 심방시에 줄타고 놀던 광대영산
춘풍도리 화계시에 꽃을 날리던 원혼영산
추오오동 역납시에 잎을 날리던 말명영산 동성이성

친척간에 여형여제 줄매영산
백화만발 녹음초에 목매죽은 결항영산
고소성외 한산사에 염불하던 승사영산
구중궁월 초당안에 수절하던 열녀영산
비몽사몽 야모중에 괴이한꿈 요사영산
살인도적 범죄하여 조신형옥 옥사영산
만첩청산 설산중에 호랑객사 호사영산
월음심심 야삼경에 복통을 하던 해산영산
만첩청산 심곡중에 벌목하던 목신영산
홍로점실 화염중에 불타죽은 화사영산
추야귀레 사창전에 님을 그리던 정부영산
금은준마 대도상을 왕래를 하던 호걸영산
위수중분 백노단 물에빠진 수살영산
만경창파 대해중을 왕래하던 사공영산
월백설백 천지백에 얼어죽은 동사영산
양유청청 녹음초에 헌화하던 촉각영산
천가만가 대문전에 걸식을 하던 기사영산
총에 맞은 탄자영산 칼에 맞은 검사영산 폭격으로
가던영산 오룡촉백 금전놓고 박물하던 전화영산
혼인취가 거래시에 따라들은 전례영산
만리타국 풍진중에 선봉대장 군웅영산
미실혼실 미가영산 무자무손 무주영산
가길각동 삼거리에 수구매기 성황영산
처녀 죽은 애혼영산 총각 죽은 몽달영산
일식불식 가사영산 양인방자 조축영산

화류추능 청류상에 기무하던 창녀영산
오장망사 편복영산 삼형팔쾌 급사영산
기차에 치이고 자동차에 받혀가던 객사영산
천리타향 도로상을 왕래하던 객사영산

 여기까지 마치고 제자는 신을 올려 법단에 자리좌정하시는 신령님 공수를 받아보고 새로운 무신도나 신상에 드시도록 한 분씩 가리를 합니다. 소당 육당 중당과 걸립까지 모두 좌정을 새롭게 하고 조상 축원을 합니다. 마지막으로 뒷전까지 풀고 나면 모두 마친 것이 됩니다. 대략적으로 이러한 과정이 되며 무구를 새로 들일 때도 유사하게 합니다.

 경문은 꼭 위의 경문을 쓰지 않아도 됩니다.

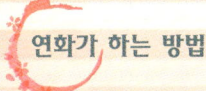 연화가 하는 방법

저는 남화밀교의 개광점안을 배웠기에 그 방식으로 합니다. 만일 점안식을 해야 하는 원불이 작은 사이즈일 경우에는 우선 호신법을 하고 나서 기를 모은 손으로 원불을 감싸도록 합니다.

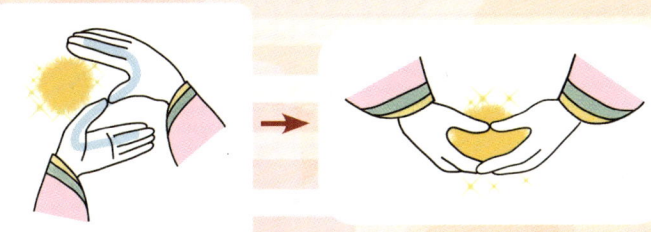

손에 자비가 덮이는 것을 떠올리면서 원불이 숨을 쉬는 느낌이 들 때까지 감싸도록 합니다.

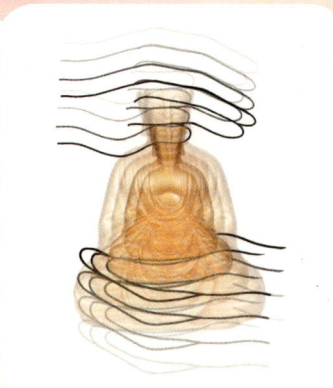

만일 원불상이 손에 들어가지 않을 정도로 크다면 손가락에 오색실을 묶고서 오색실을 통해서 원불이 숨을 쉬는 느낌이 들 때까지 합니다.

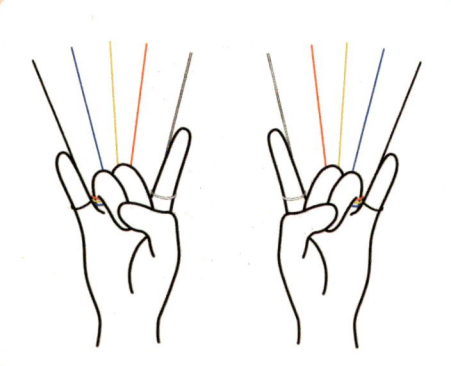

2. 명패 기도

신당을 모셨으면 최소한 위필신위는 있을 것입니다. 그러면 그 신위의 글자를 읽고 쓰는 것으로 하는 기도수련법이 있습니다. 우선 신위의 글자를 눈으로 따라서 마치 그리는 것처럼 하면서 명호를 외웁니다. 이것을 어느 정도 한 다음에는 눈을 감고서 마음속에서 그 글자들을 그리면서 명호를 외웁니다. 잘 안 그려지면 다시 눈을 뜨고 눈으로 따라서 그립니다. 이를 반복합니다.

마음속에 이것이 잘 그려지기 시작하면 이제 신령님의 명호를 외우면서 감응을 합니다. 그러면서 마음속에 우리 신령님은 어떤 모습일지를 궁금하게 여깁니다. 보통 스님들은 간화선이라고 해서 화두를 의문 삼아서 깨달음을 얻습니다. 그처럼 무당들은 마음속에 자신의 신령님의 모습을 궁금해하는 마음을 가지면서 감응한 신령님께 모습을 보여달라고 기도를 합니다.

잡생각이 들면 다시 신위를 마음으로 그리면서 명호만 외웁니다. 그러다가 그것이 잘 그려지면 이제 궁금한 마음을 일으키며 모습을 보여달라는 기도를 합니다. 처음에는 잡다한 영상들이 지나가다가 어느 순간 영상이 바뀌는 것이 고요해지면서 빛 속에서 신령님의 모습을 볼 수 있습니다.

연화가 하는 방법

연화의 경우 정명스님께 본원신명이 누구인가 하는 화두를 받았었습니다. 그렇게 화두를 들고 스스로에게 물으면서 그 답을 찾아가는 과정으로 명패를 찾고 가리를 합니다.

3. 합의 합수

신령님과 관련된 일들의 대부분은 합의 합수입니다. 합의 합수란 합의를 보는 협상 또는 교섭이라는 의미가 됩니다. 그러므로 절대로 안 되는 일도 없고 절대로 되는 일도 없습니다. 애동 시절에 듣는 말들 중에서 가장 많은 것이 그러면 큰일 난다는 것입니다. 에어콘 방향도 잘못 놓으면 큰일 난다는 말을 듣는 것이 애동인 것 같습니다. 실제로 큰일일 경우도 있지만 신선생님이 제자를 심리적으로 지배하기 위해서 하는 것도 없다고는 할 수 없을 것입니다. 그러므로 큰일이 났으면 합의합수를 하면 된다고 여기면 됩니다.

남녀가 결혼을 하려 하는데 살이 끼고 액이 끼어서 앞이 안 보인다는 공수가 나왔습니다. 그러면 어찌해야 할까요? 그러면 두 남녀의 조상님들의 합의 합수를 보아야 합니다. 그 방법은 비방일 수도 있고 치성일 수도 있고 굿일 수도 있습니다. 이 역시도 신령님의 말씀을 따라서 행하면 되는 것입니다.

결론적으로 제자가 하는 일은 합의 합수가 전부라고 여겨도 됩니다.

만일 아직까지 공수가 열리지 않고 있다면 몸으로 오는 지기만으로 해야 할 것입니다. 대개 충청도 앉은 굿에서 많이 사용하는 방법으로 경을 읽는 경쟁이와 대를 잡는 대잡이로 일을 하게 됩니다. 경쟁이는 경을 읽어 신령님을 신장대에 오시게 합니다. 그러면 대잡이가 신장대를 잡고서 신장대로 경쟁이가 묻는 것에 대한 답을 하게 됩니다.

경쟁이 : 오셨습니까?
대잡이 : (신장대가 앞뒤로 움직인다.)
경쟁이 : 천수경을 읽을까요?
대잡이 : (신장대가 좌우로 움직인다.)
경쟁이 : 예~ 예~ 그러면 옥추경을 읽을까요?
대잡이 : (신장대가 앞뒤로 움직인다.)

이렇게 앞뒤로 움직이는 것은 고개를 끄덕이는 것과 같아서 예스를 말하고 좌우로 움직이는 것은 고개를 젓는 것 같아서 노우를 말하는 것입니다. 그러므로 제자들도 신장대를 들고서 답을 들을 수도 있고 합장을 하고 합장을 한 손의 움직임으로 답을 들을 수 있습니다.

만일 꿈에서 꽃을 보았다고 하지요. 그러면 다음과 같이 합니다.

(합장을 하고 묻는다.)
제자 : 꿈에 꽃을 보여주신 분 오세요. 오셨나요?
(합장한 손이 앞뒤로 움직인다.)
제자 : 꽃을 사다 놓을까요?
(합장한 손이 좌우로 움직이거나 안 움직인다.)
제자 : 그러면 꽃선녀님이 들어오셨나요?
(합장한 손이 앞뒤로 움직인다.)
제자 : 전안으로 모실까요?

이러한 방식으로 하는 것이 가능합니다만, 가능하면 공수가 열리도록 기도 수행을 하시는 것이 좋습니다. 또는 처음에는 이렇게 대화를 하다가 어느 순간에 갑자기 명기신기가 열리면서 머릿속에 답이 들리게도 되는데 이것도 공수입니다.

그렇기에 서로 다른 견해를 가진 분들 사이에서 이를 합의에 이르도록 하는 것입니다. 설득과는 전혀 다릅니다. 협상과 교섭은 서로 간에 중요하지 않은 것을 양보하고 중요한 것을 얻는 것을 말합니다. 중요하고 중요하지 않은 것은 입장에 따라서 다릅니다. 그러므로 무엇을 양보하고 무엇을 얻을 수 있는지를 파악해서 신령님과 다른 신령님 또는 신령님과 사람들 사이에 다리를 놓는 것을 합의합수라고 여깁니다.

연화가 하는 방법

샤머니즘에는 입신계 샤먼과 탈혼계 샤먼이 있다고 합니다. 입신은 현재 한국의 대부분의 강신무 제자들처럼 신령님을 모시는 방법이고, 탈혼은 영혼을 다른 세상으로 보내는 것으로 아메리카 인디언 샤머니즘 등에 많이 남아 있습니다. 한국에서도 안자별전 유교심종을 하는 선비들은 관법이라고 해서 이를 행하는 경우도 있습니다.

다음은 일본에서 출간된 하와이 샤머니즘 서적 【후나 : 지금 바로 성공하는 하와이의 실천 프로그램(フナ : 今すぐ成功するハワイの実践プログラム)】에 나오는 내용입니다.

『지금으로부터 1800년 전 정도 전, 서기 207년에 나무의 껍질로 만든 새하얀 겉옷을 걸친 중년의 남성이 있었다. 그는 해변의 용암이 굳어진 바위의 위에 앉아서 야자수의 껍질로 짠 작은 주머니에서 무언가를 꺼내고 있었다. 나온 것은 물고기의 모양으로 조각되어진 닳은 돌멩이 었다. 그는 그것을 용암이 굳어진 바위의 위에 놓고 맞은편으로 떨리는 목소리로 무언가를 외쳤다. 그는 알 수 있는 내적 이끌림에 따라 그 돌멩이를 여러 방향으로 움직였다. 이윽고 그는 외침을 멈추고 몸의 힘을 빼고 돌멩이를 보며

미소를 지었다. 그리고 일어나서 뒤에서 숨을 죽이고 있던 어부들을 향해서 외쳤다.

"그물을 준비하게! 태양이 수평선에 닿는 오후 늦게 쯤에는 만선이 될 것이야!"

이번은 2007년의 일이다. 잘 만들어진 비지니스 슈트를 입은 젊은 여성이 있었다. 그녀는 지금부터 중요한 회의에 출석한다. 보잉사 비행기의 창가 쪽에 마음 편히 앉아있던 그녀는 심심풀이로 잡지를 넘기고 있었다. 그런데 갑자기 그녀는 무엇인가를 느껴 잡지를 덮었다. 무엇인가가 일어나고 있었다. 몇 분 후 비행기는 심하게 흔들리는 기류에 돌입했다. 기체가 크게 흔들리고 안전벨트 착용의 사인이 점등하고 기장으로부터 "전방에 큰 난기류가 있습니다. 전원 착석해 주세요."라고 하는 기내 방송이 있었다. 그 여성은 혼자서 조용히 심호흡을 하고 그녀의 영혼을 창 밖으로 날려서 그곳에서 바람에게 이야기를 걸어 도와 달라고 했다. 그러자 2분도 지나지 않아 기체가 난기류를 빠져나왔다. 바람을 해방시킨 그녀는 다시 잡지를 펼쳐 읽기 시작했다.」

저는 이러한 하와이 샤머니즘 후나를 배워서 직접 영혼을 보내서 대화를 나누고 합의 합수를 보는 경우가 많습니다. 이 방법으로 태풍의 방향을 바꾸는 경우가 많습니다. 하지만 이러한 방식으로 무언가를 행해도 오직 혈연관계나 친분이 있는 관계가 아니면 도움이 되지 못하는 경우가 많습니다.

하와이의 샤머니즘 후나는 비밀스러운 지식이고 하와이 샤먼을 카후나라고 하는데, 이는 비밀스러운 지식을 지키는 사람이라는 의미입니다. 여기서 비밀스러운 지식이 제자들에게는 문서라고 불리우는 것이 될 것입니다.

얼마 전에 하와이에서 큰 화산 폭발이 있었고, 그 결과 한 사람이 중상을 입었습니다. 하와이는 그렇게 화산 활동이 많은데 한 사람의 중상이 뉴스에 나올 정도로 특이한 일이 됩니다. 그 이유는 카후나들이 화산 활동에 대해서 자신의 영혼을 보내서 화산에게 말을 걸어 합의 합수를 받기에 그 카후나들과 혈연이거나 인연이 있는 사람들은 보호를 받아왔던 것입니다. 그러다가 이번에 그렇게 보호를 받지 못한 사람이 한 사람이 나왔기에 그것이 기사에 나올 정도인 것입니다.

4. 신구와 법구

이제 신구와 법구를 이야기해야 할 것 같습니다. 대표적인 신구나 법구로는 부채와 방울과 오방기와 신칼 등이 있을 것입니다. 대개 부채와 방울은 신을 부를 때 사용하고 오방기와 신칼은 신령님의 뜻을 듣거나 허주잡귀를 쳐낼 때 사용을 하게 됩니다. 신구와 법구의 사용처 역시도 신 선생님들마다 조금씩 다른 가르침이 있습니다.

연화가 하는 방법

저는 신의 도구를 세 가지로 나누는데 이것은 한민족 고대의 전승을 바탕으로 합니다.

1) 가리고 비추는 것 : 거울, 부채, 가면, 구슬 등
2) 소리를 내는 것 : 북, 장고, 징, 방울 등
3) 베고 짚는 것 : 칼, 지팡이, 막대기, 죽비, 신장대 등

이러한 구분은 하늘에서 내려오신 환웅님의 가신인 풍백, 우사, 운사가 가져온 신의 물건에서 유래를 합니다. 삼한관경본기에 다음과 같은 글이 전해옵니다. "풍백은 천부를 거울에 새겨 앞서가고, 우사는 북을 치면서 돌아가며 춤을 추고, 운사는 백검(佰劍)으로 호위하였다." 그러므로 가리고 비추는 것은 풍백의 신물이고, 소리를 내는 것은 우사의 신물이며, 베고 짚는 것은 운사의 신물이 됩니다.

5. 산신 기도

산신 기도는 보통 권력이나 한집안의 가장을 위한 기도일 경우에 했지만, 요즘은 남녀 모두 사회적인 부분인 학업이나 취업 등과 관련된 기원을 할 때 합니다. 산신 기도 시에 가장 중요한 것은 산신을 구분해서 이해해야 하는 것입니다.

도명	산의 명칭	성별	특징	소재지
서울	북한산	여산	오악(五嶽)(백두산, 금강산, 묘향산, 지리산)에 포함된 명산	강북구 경기도 고양시
	도봉산	여산	북한산과 함께 서울의 진산	도봉구 의정부시
	인왕산	여산	서울의 무산(巫山)	서대문구 현저동
	수락산	여산	산신기도, 육류는 받지 않음	노원구 남양주군 별내면
	불암산	여산	도사줄이 강함	노원구 남양주군 별내면
	남산	여산	천신기도, 서낭기도, 와룡당	중구 용산구
	관악산	여산	천신기도, 산신기도	관악구 신림동 과천시
	아차산	여산	군웅풀이	중랑구 구리시 교문동
경기도	감악산	여산	빗돌대왕비가 있는 무산	양주군 남면 파주 적성
	천마산	여산	군웅풀이	남양주시 화도읍 수동면
	용문산	여산	천신기도, 산신기도	양평군 용문면
	마니산	여산	천신기도, 단군기도	인천시 강화군 화도면
	소요산	여산	산신기도, 용신기도	동두천시
	운악산	여산	경기도의 오악 (화악산, 관악산, 감악산, 송악산)	가평군 포천 화현면
	청량산	여산	장군줄이 강함	광주군 중부면
	군자봉	여산	산신기도, 서낭기도	시흥시 군자동
강원도	태백산	남산	무속의 영산	태백시
	설악산	남산	산신기도	속초시 인제 양양
	치악산	남산	신의 영감이 잘 내림	원주시
	대관령	남산	산신기도, 서낭기도	평창군 도암면
	오대산	남산	산신기도, 천신기도, 용신기도	평창군 진부면
	대암산	남산	서낭기도	홍천 인제

강원도	사명산	남산	산신기도, 천신기도	양구 화천군 간동면
	용화산	남산	천신기도, 산신기도, 서낭기도	화천군 간동면
	오봉산	남산	산신기도, 용신기도	춘천시 북산면
	노추산	남산	천신기도, 산신기도	정선군 북면
	두타산	남산	천신기도, 산신기도	삼척시 미로면
충청북도	월악산	여산	음기가 강한 영산	제천시 한수면
	소백산	여산	천신기도, 산신기도	단양군 풍기군
	금수산	여산	천신기도, 산신기도, 명기가 잘 내림	단양군 적성면
	속리산	여산	장군줄이 강함, 서낭기도	보은군 내소면
	군자산	여산	산신기도, 서낭기도	괴산군 칠성면
	도명산	여산	산신기도, 서낭기도	괴산군 청천면
충청남도	계룡산	여산	무속의 영산	공주시 계룡면
	진악산	여산	산신기도, 약사기도, 도사줄이 강함	금산군 금산읍
	오서산	여산	산신기도	보령시 청소면
	대둔산	여산	산신기도, 장군줄이 강함	금산시 진산면
	칠갑산	여산	산신기도	청양군 정산면
	서대산	여산	산신기도, 약사기도	금산군 추부면
	성주산	여산	산신기도	보령시 동대동
경상북도	주왕산	남산	산신기도, 천신기도	청송군 부동면
	조령산	여산	천신, 산신, 서낭기도, 장군, 군옹줄 강함	문경시 괴산군
	백화산	여산	천신, 산신, 용신기도, 장군, 도사줄 강함	상주시
	금오산	합산	산신기도, 장군줄 강함	구미시 칠곡군
	일월산	남산	산신기도	봉화군 영양군
	청량산	남산	천신기도, 산신기도	봉화군 재산면

경상북도	내연산	남산	용신기도	포항시 송라면
	학가산	여산	약사기도, 서낭기도, 안동권씨 본향산	안동시 북후면
	팔공산	여산	약사기도, 미륵기도	대구동구 군위군
	남산	남산	산신기도, 미륵기도	경주시 배동
경상남도	신불산	남산	천신기도	울산시 상북면
	문수산	남산	천신기도, 산신기도, 약사기도	울산시 청량면
	천태산	여산	천신기도, 약사기도	삼랑진 행곡리
	와룡산	여산	산신기도	사천시 용현면
	무학산	여산	산신기도, 칠성기도	마산시 창원시
	계룡산	여산	칠성기도, 산신기도	거제시 신현읍
	금정산	여산	천신기도	부산시 금정구
	천성산	남산	산신기도, 장군줄이 강함	양산시 하북면
	금산	여산	산신기도	남해군 이동면
	가야산	여산	산신기도	합천군 가야면
전라북도	마이산	여산	산신기도, 도줄, 철성기도 불사줄이 강한 영산	진안군 진안읍
	덕유산	여산	산신기도, 약사기도. 장군줄이 강함	무주군 설천면
	모악산	여산	약사기도, 미륵기도, 산신기도	김제시 금산면
	방장산	여산	천신기도, 산신기도	고창군 신림면
	선운산	여산	산신기도	고창군 아산면
전라남도	지리산	여산	무속의 영산	구례군
	팔영산	여산	산신기도	고흥군 점안면
	천관산	여산	산신기도	장흥군 관산읍
	월출산	여산	산신기도, 도줄이 강함	영암군 영암읍
	유달산	여산	산신기도, 천신기도	목포시

전라남도	무등산	여산	산신기도	광주시 담양군 남면
	추월산	여산	천신기도, 산신기도	담양군 용면
	백암산	여산	산신기도	장성군 북상면
제주도	한라산	여산	천신기도, 산신기도, 용신기도	제주시 서귀포시

　우리나라를 절반으로 나누어서 동쪽으로는 남산이라고 하고 서쪽으로는 여산이라고 합니다. 그리고 가운데에 있는 산들을 합산이라고 하는데 이는 전안과 같습니다. 남산은 육당이고 여산은 소당이고 합산은 중당이 됩니다. 그러므로 지키는 예의도 전안에서와 같아야 하며 남산에 가려면 육당 신령님께 여쭈어야 하고 여산에 가려면 소당 신령님께 여쭈어야 하며 합산에 가려면 중당 신령님께 여쭈어야 합니다.

연화가 하는 방법

　　산에는 전설과 신화들이 많습니다. 얽힌 이야기들이지요. 그래서 산에 가기 전에는 그곳 산과 관련된 이야기를 읽습니다. 만일 기도가 시험 합격이라면 시험과 관련된 이야기가 있는 산이어야 합니다. 그래야 그곳의 신령님께 기도할 때 합의 합수가 쉽습니다. 신령님께서도 간절한 사람의 마음을 아실 테니 도와달라고 부탁을 하는 것이지요. 공감대를 얻어야 기도가 잘 되게 됩니다. 또한 꼭 시험에 합격하신 분의 이야기가 아니라도 억울하게 시험에 떨어졌거나 시험에 떨어져서 후회스러운 삶을 사신 한이 맺힌 분들의 이야기가 있는 곳도 좋습니다. 역시나 시험에 붙지 못하는 비참함을 아시기에 그러한 기도가 잘 되는 것이지요.

　　기도문을 다음과 같이 만듭니다.

1) 신령님(전해 오는 이야기의 주인공)을 청함
2) 제자와 기도 발원을 하는 분을 소개함 (어디 사는 누구)
3) 전해 오는 이야기를 다시 한 번 읊음
4) 기도 발원하려는 것을 이야기에 엮어서 진실 되게 고함
5) 감사를 드리고 누가 어떻게 정성껏 준비한 공양인지를 고하고 바침

　　이렇게 해서 기도를 합니다.

6. 용궁 기도

용궁 기도는 주로 금전운이나 연애운이나 자녀 출생 등과 관련된 사안에 좋습니다. 대개 산신 기도의 성불을 보는 것은 정식적인 절차를 통해서 이루어지는데, 용궁 기도는 그냥 우연처럼 이루어지는 경우가 많습니다. 그렇기에 정식 절차로는 되지 않을 소원을 기도하는 경우에도 많이 가게 됩니다. 용궁 기도의 경우에도 마찬가지로 그곳에 얽힌 이야기를 알고 가면 좋습니다. 하지만 그렇지 못하다 하더라도 용왕님의 영험함에 감복하는 기도를 하고 방생을 하면 성불을 보기에 좋습니다.

연화가 하는 방법

저도 처음에 방생을 할 때 어려움이 많았습니다. 하지만 정명 스님께 여쭈어보니 모든 것을 살리는 것이 방생이라는 답을 듣고 방생을 조금 더 적극적으로 할 수 있게 되었습니다. 간단히는 물고기 먹이를 사서 먹이는 것도 방생이고 그곳에 더불어 사는 분들을 위해서 기부금을 내는 것도 방생이 될 것입니다.

7. 국사당 기도

국사당은 단군님을 모신 사당입니다. 그러므로 모든 제자들이 그곳에 자신이 무업을 한다는 것을 알려야 합니다. 일종의 신명계에 등록을 하는 것입니다. 본향본산을 돌며 자신의 조상님들께 이 길을 가는 것을 알렸고 남산과 여산과 합산의 삼산에도 고했으며 사해의 용왕님들께도 고한 후에 마지막으로 국사당에 와서 등록을 하는 것입니다. 그러면 이제 천신만신과 함께 하는 길에 들어서는 것이며 천지간의 신명님들께서 제자가 한 사람의 무당임을 인정해 주시게 됩니다.

조선조 말에 씌여진 무당내력이라는 서적의 서문에는 다음과 같은 글이 내려옵니다.

"요임금 당시 상원갑자 10월 3일에 백두산 또는 묘향산이라고 알려진 태백산 박달나무 아래로 내려오시니 단군이시다. 그리고 신교를 세우고 가르치니 큰아들 부루는 현명하고 복이 많아 사람들이 믿고 존경하니 후일 땅을 선정해서 단을 쌓고 흙 그릇에 벼와 곡식들을 넣고 풀을 꼬아서 감싸니 부루단지 업주가리라고 칭하였다. 매년 10월에 새 곡식으로 떡과 술과 과일을 올려 치성기도를 하였다. 기도를 할 때에는 반드시 나이든 여성을 쓰는데 세상은 그녀를 무인이라고 한다."

그러므로 우리들 제자들은 모두 단군님의 큰아드님인 부루님의 후손인 것입니다. 스님들이 승적에 오르듯이 제자들이 무당이 되는 것은 여기에서 완성이 됩니다. 대개 여기까지 마친 후에는 겨우 애동을 벗어나서 독립할 수 있다고 합니다. 그러므로 신선생님은 제자가 여기까지 오는 과정을 제대로 안내해 주어야 진짜 신선생님인 것입니다.

연화가 하는 방법

　국사당 기도를 하기 전에 부도지와 환단고개를 여러 번 읽고 갑니다. 그렇게 해서 우리들 제자들이 어떠한 마음가짐으로 앞으로 살아가야 하는지 이러한 것을 다시 한번 생각해 보는 것이지요. 천부경 삼일신고 참전계경을 지니고 가서 이를 읽어가면서 기도를 드립니다.

《天符經 천부경》

一始無始一析三極無盡本天一一地一二人一三一積十鉅無匱化
일시무시일석삼극무진본천일일지일이인일삼일적십거무궤화
三天二三地二三人二三大三合六生七八九運三四成環五七一妙衍
삼천이삼지이삼인이삼대삼합육생칠팔구운삼사성환오칠일묘연
萬往萬來用變不動本本心本太陽昂明人中天地一一終無終一
만왕만내용변부동본본심본태양앙명인중천지일일종무종일

≪三一神誥 삼일신고≫

◎ 天訓천훈 [虛空허공]

主若曰 咨爾衆 蒼蒼非天 玄玄非天 天 無形質 無端倪 無上下四方
주약왈 자이중 창창비천 현현비천 천 무형질 무단예 무상하사방
虛虛空空 無不在 無不容
허허공공 무부재 무불용

◎ 神訓신훈 [一神일신]

神 在無上一位 有大德大慧大力 生天 主無數世界 造甡甡物 纖塵無漏
신 재무상일위 유대덕대혜대력 생천 주무수세계 조신신물 섬진무루
昭昭靈靈 不敢名量 聲氣願禱 絶親見 自性求子 降在爾腦
소소령령 불감명량 성기원도 절친견 자성구자 강재이뇌

◎ 天宮訓천궁훈 [天宮천궁]

天 神國 有天宮 階萬善 門萬德 一神攸居 群靈諸哲 護侍 大吉祥
천 신국 유천궁 계만선 문만덕 일신유거 군령제철 호시 대길상
大光明處 惟性通功完者 朝 永得快樂
대광명처 유성통공완자 조 영득쾌락

◎世界訓세계훈 [世界세계]

爾觀森列星辰 數無盡 大小 明暗 苦樂 不同
이관삼열성신 수무진 대소 명암 고락 부동

一神 造群世界 神 勅日世界使者 轄七百世界
일신 조군세계 신 칙일세계시자 할칠백세계

爾地自大 一丸世界
이지자대 일환세계

中火震盪 海幻陸遷 乃成見像
중화진탕 해환육천 내성현상

神 呵氣包底 煦日色熱 行翥化游栽 物 繁殖
신 가기포저 후일색열 행저화유재 물 번식

◎ 眞理訓진리훈 [人物인물]

人物 同受
인물 동수

三眞曰 性·命·精 人 全之 物 偏之
삼진왈 성·명·정 인 전지 물 편지

眞性 善無惡 上哲 通
진성 선무악 상철 통

眞命 淸無濁 中哲 知
진명 청무탁 중철 지

眞精 厚無薄 下哲 保
진정 후무박 하철 보

返眞一神
반진일신

惟眾 迷地 三妄 着根曰 心・氣・身
유중 미지 삼망 착근왈 심・기・신

心 依性 有善惡 善福惡禍
심 의성 유선악 선복악화

氣 依命 有淸濁 淸壽濁殀
기 의명 유청탁 청수탁요

身 依精 有厚薄 厚貴薄賤
신 의정 유후박 후귀박천

眞妄 對 作三途曰 感息觸 轉成十八境
진망 대 작삼도왈 감식촉 전성십팔경

感 喜懼哀怒貪厭
감 희구애노탐염

息 芬殦寒熱震濕
식 분란한열진습

觸 聲色臭味淫抵
촉 성색취미음저

眾 善惡 淸濁 厚薄 相雜 從境途任走 墮生長消病歿 苦
중 선악 청탁 후박 상잡 종경도임주 타생장소병몰 고

哲 止感 調息 禁觸 一意化行 返妄卽眞 發大神機 性通功完 是
철 지감 조식 금촉 일의화행 반망즉진 발대신기 성통공완 시

※ 《參佺戒經 참전계경》은 지면상 생략합니다. 시중의 관련 서적을 참고하세요.

8. 점사

점사는 어찌 보면 막막한 부분이 있습니다. 그만큼 어렵기도 하지만 제자가 해야 하는 가장 중요한 부분이기도 하지요. 점사를 내는 방식은 여러 가지가 있습니다만 가장 대표적인 것이 상계점이 있습니다. 애동이 상계점을 칠 수 있으면 밥은 굶지 않는다는 이야기가 있습니다. 상계점이란 조상을 모셔서 제자의 입을 통해서 조상의 뜻을 전하는 것입니다. 하지만 한 번 하고 나면 제자도 사람이라서 많이 지치는 경우가 많기에 특별히 한 맺힌 조상님이 주장을 하지 않으면 하지 않는 경우가 많습니다.

다음으로는 공수가 있는데, 공수의 경우 제자 입을 통해서 점사대신님이 직접 말씀을 주시는 경우도 있지만 대개 제자의 머릿속에 떠오르는 말을 제자가 전달하는 방식이 가장 자주 사용하는 방식입니다. 제자는 단지 자기 자신은 전화기라는 것을 떠올리면서 합니다. 그러므로 전화기는 좋은 음질만 전하면 되지 그 내용에 개입해서는 안 됩니다. 공수도 그러므로 그냥 떠오른 그대로 전해야 하지 다른 것을 섞어서는 안 됩니다.

그다음으로 쌀점을 사용하기도 합니다. 쌀점은 우선 쌀을 수저로 조금 떠서 상위에 올린 후에 그것을 가운데 모은 다음 그 쌀 위에 수저로 사슬세우기를 합니다. 사슬세우기를 한 후 수저를 내리고 쌀을 9개씩 제합니다. 제하고 남은 쌀의 숫자로 점을 보는데 간략한 의미는 다음과 같습니다. 느낌이 좋으면 좋은 뜻으로 풀고 느낌이 좋지 못하면 나쁜 뜻으로 풉니다.

남은 숫자	좋은 뜻	나쁜 뜻
0	문서, 공부, 예의	구설수
1	시작	일을 마무리 못함
2	동료(도움)	라이벌(방해)
3	신의 도움	귀신작난
4	안정(편안함)	변화 없음(게으름)
5	변화	깨짐
6	직업(사회성), 여자의 경우 애인이나 남편	관재수
7	다시 시작	고갈과 죽음
8	재물, 남자의 경우 애인이나 부인	남을 지배하려 함

오방기의 경우 다음과 같이 해석을 합니다만 선생님들마다 다른 의미로 전하는 경우도 많습니다. 오방기점이나 쌀점은 우선 공수를 낸 후에 공수가 명확하지 않을 때 확인으로 행하는 경우가 많습니다. 오방기는 보통 3번 정도 뽑아서 2번 이상 나오는 색을 해석합니다.

녹기	종료를 의미하며 영가를 뜻합니다.
적기	재수를 의미하며 산신을 뜻합니다.
백기	명복을 의미하며 불사를 뜻합니다.
청기	우환을 의미하며 신장을 뜻합니다.
황기	조상을 의미하며 제사를 뜻합니다.

연화가 하는 방법

원인과 결과를 정해서 공수를 짚어 나가는 방식으로 합니다. 우선 천지인 삼선 중에서 어떤 선으로 오는 일인지를 신령님께 묻고 공수를 합니다. 그리고 나서 그 결과가 다섯 가지 줄 중에서 어떤 줄력으로 나타나는지를 신령님께 묻고 공수를 하는 것이지요. 선과 줄은 다음과 같습니다.

삼선	원인
천선	조상
지선	선산
인선	전생

줄력	결과
천신줄력	직업운, 사회성, 관재수, 여자에게는 남자운
산신줄력	동료나 라이벌, 고집불통
용왕줄력	재물운, 남자에게는 여자운
칠성줄력	재주나 재능, 임기응변, 구설수
도인줄력	공부운, 문서운, 수행

천선(조상)이 산신줄력(동료나 라이벌이나 고집불통)으로 오면 조상의 업으로 동료 관계나 라이벌 관계가 고집을 부려서 힘들어지는 것입니다.

9. 비방 연구

비방은 여러 가지가 있는데 가능하면 쓰지 말라는 선생님도 계시고 특별히 제한을 두지 않는 선생님도 계십니다. 일단 비방을 공부하려면 만물상 등에서 비방 세트를 구입해서 풀어 보면서 연구를 하면 됩니다. 거기에 왜 이런 다라니가 들어갔는지, 또 이런 말린 약초가 들어갔는지 하나하나 연구를 해보는 것이지요.

연화가 하는 방법

비방으로 많이 사용하는 것으로 구자비법이 있습니다. 이 구자비법은 도교에서 시작이 되었습니다. 【포박자】라는 서적에 산에 들어갈 때 사용하는 우보법과 함께 소개가 되어 있습니다. 다만 그 주문이 현재 전해지는 것과는 조금 다릅니다.

임-병-투-자-개-진-열-전-행

이것이 원본이며 이것이 일본에 전해지면서 다음과 같이 바뀌게 됩니다.

임-병-투-자-개-진-열-재-전

위의 내용은 주로 진언밀교 쪽에서 사용이 되며 다른 불교 계통도 유사하게 합니다.

기문둔갑의 반폐국이나 음양도에서는 다음과 같이 사용을 합니다.

청룡-백호-주작-현무-구진-남두-북두-삼태-옥녀

가능하면 소리를 내서 이를 외우도록 합니다.

모든 경우는 기본적으로 검결지라고 하는 수인으로 행합니다.

포박자에 전해지는 **임-병-투-자-개-진-열-전-행**이나 기문둔갑과 음양도에서 사용하는 **청룡-백호-주작-현무-구진-남두-북두-삼태-옥녀**의 경우에는 다음과 같은 방식으로 구자를 공간에 선으로 긋습니다.

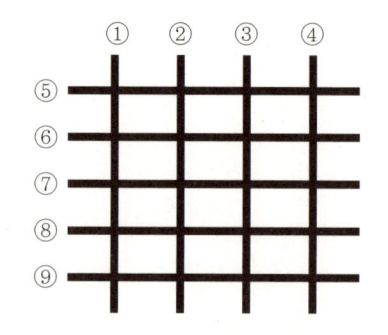

이것은 사종오횡이라고 해서 세로로 4획을 긋고 가로로 5획을 긋는 방식을 말합니다. 하지만 일본에 전해지면서 이 선을 긋는 방식도 다음과 같이 바뀌게 됩니다.

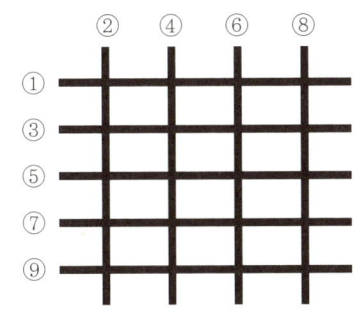

가로와 세로를 번갈아 가면서 긋는 방식으로 하며, 앞의 두 가지 주문의 경우는 두 가지 방식으로 모두 사용해도 되지만 진언밀교의 **임-병-투-자-개-진-열-재-전**의 경우는 오직 바로 위의 그림대로 가로와 세로를 번갈아 가며 그리는 것으로 행합니다. 구자진언은 각각 다음과 같이 상응이 됩니다.

임 – 다문천
병 – 항삼세명왕
투 – 지국천
자 – 금강야차명왕

개 – 부동명왕

진 – 군다리명왕

열 – 광목천

재 – 대위덕명왕

전 – 증장천

오대존명왕과 사천왕을 상징합니다. 그리고 약식으로 행할 때는 다음과 같이 행하는 경우도 있습니다.

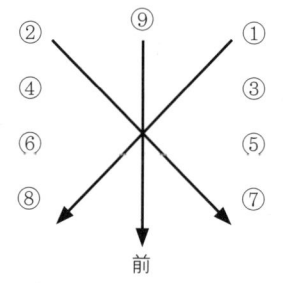

또한 일련종의 법화경 구자는 다음과 같이 씁니다.

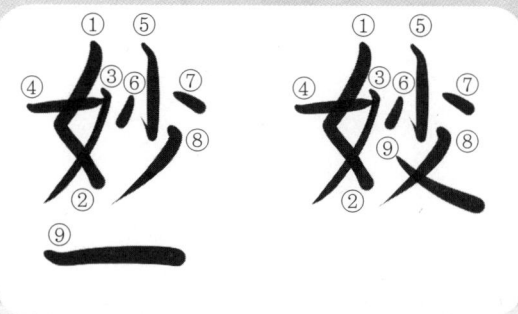

앞의 모든 구자절법은 영적인 세상을 여는 것입니다. 급히 이를 행해야 할 경우에는 다음과 같이 수인을 세워서 할 수 있습니다. 이 경우에는 마음속으로 구자를 외웁니다.

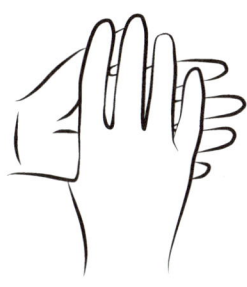

이렇게 열고 나서 정화를 하는 경우는 일련종의 법화경 구자나 고신도의 십자로 합니다.

우선 신도의 구자는 다음과 같이 행합니다. 우선 마를 퇴치하는 것은 다음과 같이 하며 구자는 다음과 같습니다.

영-백-유-순-내-무-제-쇠-환

고신도의 경우는 다음이 행하며 구자는 다음과 같습니다.

무–상–영–보–신–검–대–대–가–치

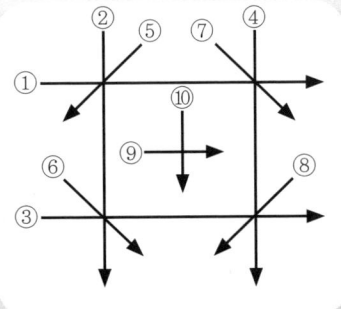

그런 후에 액살이나 저주를 제압하는 것은 다음의 방법으로 하며 구자는 다음과 같습니다.

묘–법–연–화–경–주–저–독–약

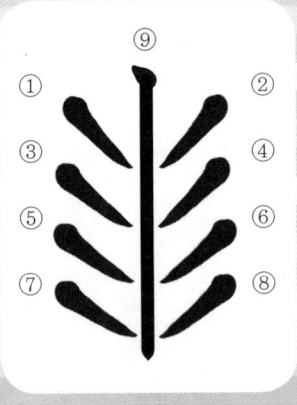

고신도의 경우는 다음과 같이 합니다.
구자는 천–지–현–묘–행–신–변–통–력이라고 합니다.

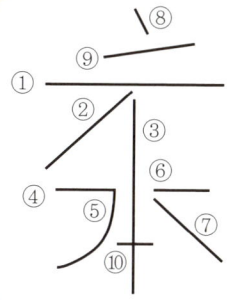

　　다음은 오수절법입니다. 앞의 구자절법을 하고 탄지 3회를 하고 나서 이를 하면 나를 수호해주는 신령스러운 동물들이 주위에 자리를 하게 됩니다.

> 동방 : 청룡
> 남방 : 주작
> 서방 : 백호
> 북방 : 현무
> 중앙 : 기린

위의 순서로 **청룡-주작-백호-현무-기린**이라고 외우면 됩니다. 오른쪽 아래쪽에서 시작을 합니다.

1 ➜ 2 : 청룡

2 ➜ 3 : 주작

3 ➜ 4 : 백호

4 ➜ 5 : 현무

5 ➜ 1 : 기린

다만 마지막 기린은 일반적으로 피흉추길을 가져다줍니다. 흉한 일은 피하게 해주고 길한 일을 가져다주지요. 기린의 이름이 여러 가지가 있으며 다음의 이름을 기린 대신에 넣으면 다음의 가피를 받게 됩니다.

염구 : 인간관계

용호 : 학문적 성취

색명 : 부정의 정화

각단 : 막힌 것의 해소

기린 : 피흉 추길

그러므로 만일 누가 대입을 원한다면 한 손에 그 사람의 사주나 사진 등을 들고서 위의 별을 그립니다. 이때 **청룡-주작-백호-현무-용호**라고 말을 하면서 이를 행합니다.

구자를 선으로 긋는 것을 구자절법이라고 합니다. 구자절법은 공간을 열어서 영적인 세계를 연다는 의미입니다. 반대로 영적인 세계를 닫고 안 좋은 영적인 영향을 막는 것은 구자인법이라고 합니다. 역시 **임-병-투-자-개-진-열-재-전**을 외우면서 행합니다.

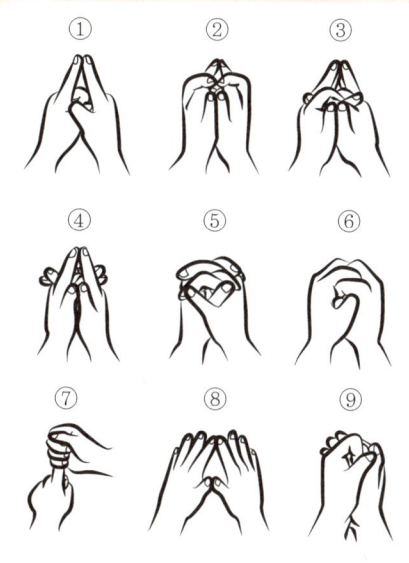

마지막으로 탄지를 행합니다. 이는 혹시라도 남아 있는 좋지 않은 기운을 없애는 것으로 뒷전 또는 내전과 비슷한 것입니다. 보통 3회 정도 행하도록 합니다. 이 방법이 어려우면 일반적인 방식의 탄지를 해도 됩니다.

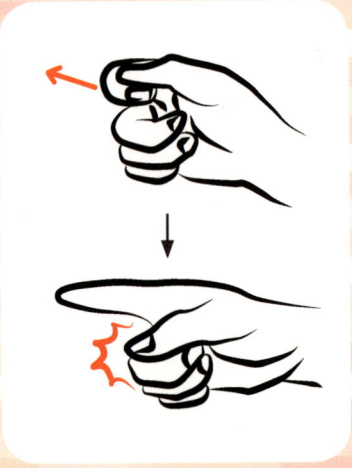

이렇게 해서 비방술을 행합니다. 구체적으로는 다른 방법들도 사용하지만, 기본적으로는 이러한 순서로 행하게 됩니다.

🌿 무녀 연화의 하루 - 강의편

-무녀 연화의 하루 강의편 끝-

 결어

교황청에서 직위가 높은 추기경이 직분상의 이유로 배를 타고 바다를 지나고 있었습니다. 그러다가 폭풍우를 만났는데 위험했습니다. 그는 기도를 했고 기도가 응답을 받았는지 조그마한 섬이 발견되어서 배는 그 섬으로 피신을 했습니다.

그 섬에는 단 세 사람의 원주민이 있었습니다. 그 원주민이 추기경의 십자가를 보더니 반색을 하며 자신들도 기독교인이라고 말했습니다. 십여 년 전에 그곳에 난파했던 어떤 신부님께 세례까지 받았다고 했습니다.

그 추기경은 그 원주민들과 대화를 이어갔는데 그들이 기독교에 대해서 아는 것이 아무것도 없다는 것을 알았습니다. 그래서 기도는 어떻게 하냐고 물었습니다. 그러자 그 원주민들은 자랑스럽다는 듯이 가슴을 펼치고 눈을 하늘을 향해 희번덕거리면서 기도를 합니다.
"당신도 셋, 우리도 셋, 주여 우리를 돌보소서~"

추기경은 기가 막혔습니다. 그래서 주기도문을 그들에게 알려줍니다. 그들은 힘들었지만 이틀쯤 걸려서는 모두 외울 수 있었습니다.

이윽고 폭풍우가 그치고 추기경은 그곳을 떠났습니다. 그리고 십여 년이 지났습니다. 다시 배를 타고 그 섬 주위를 지나며 추기경은 문득 당시 일이 떠올랐습니다. 그들에게 주님의 기도를 가르쳤다는 뿌듯함과 같이 말이지요.

그런데 그 섬이 있는 방향에서 빛이 비치면서 배를 행해서 그 빛이 다가오는 것이었습니다. 놀라서 추기경과 선원들이 그것을 바라보는데, 그 빛 안에는 원주민 세 사람이 손을 맞잡고 바다를 걸어서 오는 것이었습니다. 그 원주민들은 추기경에게 말을 했습니다.
"서 죄송한데요, 전에 알려주신 기도문을 중간에서 잊어버렸습니다. 하늘에 계신 우리 아버지... 다음에 뭐였지요?"

그들은 그날도 자기들식의 기도를 할 수밖에 없었는데, 마침 기도 중에 기도문을 알려주신 추기경이 온다는 신의 음성을 들었다고 했습니다. 추기경은 그 빛에 놀라면서 답을 합니다.
"아... 지금까지 하던 그대로 당신도 셋, 우리도 셋, 주여 우리를 돌보소서~ 라고 하셔도 됩니다."

이렇게 실제로도 지극정성이면 통하지 못하는 신명은 없다고 여깁니다.